LE

MINISTÈRE

EXPLIQUÉ ET JUSTIFIÉ.

LE

MINISTÈRE

EXPLIQUÉ ET JUSTIFIÉ.

A PARIS,

CHEZ LES LIBRAIRES DU PALAIS ROYAL.

1830.

INTRODUCTION.

OBJET DE CET ÉCRIT.

Jusqu'a présent le Ministère nous paraît avoir été mal attaqué, mais surtout fort mal défendu.

Quelques reproches qu'on puisse faire à l'attaque, il est cependant certain qu'elle n'a pas été malheureuse. Parmi tant de coups portés à tort et à travers, par tant de mains, quelques-uns ont frappé juste; la plupart ont été jugés tels par la multitude prévenue; et le vice des argumens, par lesquels on s'est efforcé de défendre le Ministère, a achevé de faire croire à la bonté de la cause de ses ennemis.

Si, pour être un de ces ennemis, il suffisait de désirer sincèrement et d'aimer avec ardeur la liberté constitutionnelle, telle que la Charte bien entendue nous l'a faite, et que la veulent le repos, le bonheur et la gloire de la France, nul ne mériterait ce titre plus que nous. Mais nous sommes si loin de croire qu'il en soit ainsi que c'est dans l'intérêt même de cette liberté, besoin impérieux de notre esprit et de notre cœur, que nous nous proposons de défendre le Ministère.

Cette prétention étonnera peut-être les royalistes, qui se font les champions de M. de Polignac, encore plus que les libéraux, qui lui ont déclaré une guerre à mort. Car nous sommes à une époque où l'on ne voit généralement qu'un côté des questions politiques, chacun ne regardant que celui qui lui plaît, et ne se plaisant que dans ce qui s'accorde avec ses intérêts ou flatte les préjugés que lui ont imposés sa naissance, son éducation et sa position sociale. Mais puisque tous nos maux viennent de cette malheureuse disposition des esprits, n'est-il pas temps de la changer? Et pour quiconque croit avoir des pensées propres à produire ou à préparer ce changement, n'est-ce pas un devoir de les publier?

Ainsi cet écrit est tout de conscience, exclusivement dicté par la bonne foi et absolument étranger à tout intérêt de parti, d'opinion de convention et d'ambition personnelle. Notre parti, c'est celui de la France: nous n'appartenons qu'à elle. Consentir à être les croyans aveugles et les organes serviles d'une opinion quelconque, nous semble une dégradation: nous ne voulons dire que ce que nous croyons, et, autant que possible, ne croire que la vérité, sans jurer sur les paroles d'aucun maître. Notre ambition personnelle enfin aspire surtout à être enfant d'une patrie libre et heureuse au dedans, autant que crainte et respectée au dehors. Et parce que le Ministère actuel nous semble propre à remplir cette double tâche, dont la seconde est la conséquence naturelle de la première, nous entreprenons de le défendre.

Déjà condamnés en première instance par les Députés, tôt ou tard les ministres auront à comparaître devant les Électeurs. Plus est grande l'autorité des hommes qui composent cette espèce de cour supérieure, plus aussi nous les jugeons dignes d'entendre la vérité, plus nous les croyons capables de la comprendre. Cette croyance est ce qui nous a tout-à-fait déterminés à écrire.

Ainsi c'est surtout aux Électeurs que nous nous adressons. Un arrêt injuste de leur part, non-seulement déshonorerait leur intelligence et accuserait leurs sentimens secrets ; mais il compromettrait encore leur existence, comme institution de l'État. Car si c'est une loi de la nature que les Ministres, les Rois et les dynasties disparaissent, quand elles sont devenues incapables de vouloir et de faire le bien des peuples, cette même loi condamne à mort les institutions les plus chères aux peuples, du moment qu'elles deviennent un obstacle à la volonté sage et réfléchie des Rois et de leurs Ministres.

Électeurs de France, quand des magistrats sont sur le point de rendre l'arrêt d'où dépend l'honneur et la vie d'un homme, vous dites tous qu'ils ne sauraient s'entourer de trop de lumières, prendre trop de soins pour se défendre des préventions, ni réfléchir avec trop de maturité. Que serait-ce donc s'ils avaient à rendre un arrêt d'où pourrait dépendre le bonheur et l'avenir de tout un peuple?

Telle sera bientôt peut-être votre position. Le peuple, sur le bonheur duquel vous aurez alors à prononcer, est le peuple de France. L'arrêt, par lequel vous en déciderez, est votre vote. Voudriez-vous le donner à la légère, sans avoir approfondi la cause, inspirés par vos seules préventions? Non, sans doute. Prenez donc, lisez et méditez.

LE
MINISTÈRE
EXPLIQUÉ ET JUSTIFIÉ.

CHAPITRE PREMIER.

Examen des argumens employés en faveur du Ministère.

———

L'HOMME prononce souvent beaucoup de paroles, sans rien dire, et déguise l'indigence des idées sous le luxe de l'expression. C'est pourquoi nous ne nous étonnons pas que, parmi tout ce qui a été dit pour faire cesser les plaintes élevées avec violence contre le Ministère, on trouve si peu d'argumens.

Nous avons commencé par dire de ces argumens qu'ils sont tous mauvais. Nous allons maintenant le prouver. Mais pour qu'on puisse juger nos preuves, nous croyons devoir d'abord exposer ces argumens, tels que nous les avons recueillis, au nombre de six.

§ 1. *Argumens en faveur du Ministère.*

PREMIER ARGUMENT. Le Roi est Roi : il tient de sa naissance le droit de régner sur les Français, et conséquemment celui de les gouverner par les Ministres qu'il veut et qu'il choisit, selon son bon plaisir. Nommés en vertu de ce droit, les Ministres ont donc droit eux-mêmes au respect et à l'obéissance générale.

SECOND ARGUMENT. Selon la Charte, au Roi seul appartient le

pouvoir exécutif et la nomination des Ministres chargés de l'exercer en son nom. Attaquer leur autorité, c'est donc attenter à la prérogative royale elle-même.

TROISIÈME ARGUMENT. Les Ministres du 8 août sont les hommes selon le cœur et la pensée du Roi. Issus d'aïeux renommés pour l'espèce de culte qu'ils avaient voué à la royauté, les Français ne doivent pas dégénérer de leurs pères, ni contrister le cœur royal en refusant de se réunir aux ministres qu'il aime.

QUATRIÈME ARGUMENT. Soit imprudence, soit faiblesse ou volonté perverse, les ministres précédens dépouillaient chaque jour la royauté d'une partie de sa force et de son éclat, et rouvraient l'abîme des révolutions. Un Ministère royaliste était donc nécessaire pour le refermer à jamais : et puisque l'intérêt de la France exige surtout qu'on la garantisse d'une seconde révolution, qui serait nécessairement pire que la première, il exige aussi qu'elle se réunisse tout entière aux hommes qui peuvent seuls la sauver.

CINQUIÈME ARGUMENT. Les Pairs, les Députés et les Électeurs qui refuseraient de le faire, seraient justement considérés comme traîtres et parjures. Car le Roi n'a pu leur concéder et octroyer une part dans le gouvernement qu'à la condition expresse, quoique tacite, d'en user pour l'aider lui-même et aider ses Ministres à faire le bien. Et s'ils se séparaient d'eux avec violence, s'ils refusaient d'accueillir et d'examiner leurs communications, s'ils s'obstinaient enfin à ne pas vouloir concourir avec eux au bonheur général, pourrait-on dire qu'ils ne violeraient pas les conditions de la concession ? Alors donc, puisque dans un contrat synallagmatique, toutes les fois que l'une des parties est infidèle aux obligations qui lui étaient imposées, l'autre partie se trouve aussitôt dégagée elle-même de toute obligation, le Roi rentrerait dans la plénitude de ses droits et serait seul chargé, comme avant la Charte, du devoir de veiller à la sûreté de l'État et à son bien-être. Français, qui dites aimer la Charte, ne refusez donc pas votre concours au Ministère ; car vous ne pouvez en jouir qu'à ce prix.

SIXIÈME ARGUMENT. Enfin, de même que la justice exige qu'on ne condamne pas un homme sans l'avoir entendu, ainsi les délégués du pouvoir exécutif ne doivent pas être attaqués pour ce qu'ils n'ont pas fait, ni poursuivis avant d'avoir été vus à l'œuvre. Il y a criante injustice et partialité révoltante à se laisser entraîner par d'odieuses préventions.

Ainsi, pour faire cesser les plaintes contre le Ministère, on a tour à tour raisonné, tâché d'émouvoir, éveillé les intérêts, menacé.

On a raisonné, en cherchant à prouver que l'attaque contre les Ministres était une attaque indirecte contre les droits que le Roi tient de sa naissance et de la Constitution. On a tâché d'émouvoir, en faisant un appel aux sentimens de royalisme et de justice généreuse qui sont, pour ainsi dire, nationaux en France, et en les montrant réunis pour conseiller le dévouement et la confiance au Ministère. On a éveillé les intérêts, en évoquant le fantôme de cette révolution qui a bouleversé tant d'existences, et dont les crimes et les malheurs alarment toujours ceux qui en ont été les victimes ou simplement les témoins. Enfin l'on a menacé, en montrant le Roi plein de résolution pour faire respecter sa volonté, plein de force et de moyens pour exécuter sa résolution, et, dans tous les cas, décidé, comme autrefois Louis XIV, à s'ensevelir sous les débris de son trône plutôt que d'en descendre honteusement, en consentant à aliéner ses droits en faveur de quelques factieux et d'insolens révoltés.

Mais, selon nous, tous ces argumens sont entachés de vices essentiels: montrons-le rapidement.

§ 2. *Vices du premier et du second argument.*

Premièrement, s'il est vrai qu'on ne puisse attaquer les Ministres actuels, sans blesser la prérogative royale ou se rendre coupable de lèse-majesté, ceci est vrai de tous les Ministres, sans exception, passés et futurs, quels qu'ils soient, et aussi long-temps qu'ils sont Ministres. Car un principe est essentiellement absolu. Mais alors, que penser des royalistes qui se sont déclarés si violemment contre tous les ministres, depuis le 5 septembre 1816 jusqu'au 8 août 1829 ? Ils étaient donc coupables : et aujourd'hui c'est une amende honorable qu'ils font ; c'est une abjuration de leurs doctrines ; c'est une condamnation de leurs principes. Or, la vie d'un parti ne consiste pas dans les hommes qui le composent;

mais dans les doctrines qu'il soutient, ou dans les principes pour lesquels il combat. Le jour où il les abandonne, il n'est plus. Ainsi les royalistes sont réellement suicides en défendant ce qu'ils appellent leur Ministère, par des argumens qu'on peut aussitôt rétorquer contre eux-mêmes. C'est une insigne maladresse : premier vice.

Secondement, il est faux qu'attaquer les ministres comme ne méritant pas d'être appelés au pouvoir ou d'y rester, ce soit attaquer la prérogative royale.

Qu'est-ce en effet que cette prérogative ? Évidemment c'est le droit de déléguer le pouvoir exécutif à ceux qui en semblent le plus dignes. Mais ces délégués eux-mêmes, quel droit acquièrent-ils par cette commission ? Évidemment encore c'est, vis-à-vis des nations étrangères, le droit de faire avec elles des traités et de leur déclarer la guerre : vis-à-vis des Chambres, le droit de les convoquer, proroger et dissoudre ; celui d'entrer librement dans la salle de leurs séances, de leur présenter des projets de loi, de les défendre, et d'avoir la parole toutes les fois qu'ils la demandent : vis-à-vis des électeurs, celui de fixer le jour et le lieu de leurs réunions et de leur donner un président : enfin, vis-à-vis de tous les Français, c'est le droit de nommer des magistrats, des fonctionnaires, et de faire tout ce qui est nécessaire pour l'exécution des lois.

Ceci posé, il est incontestable que les nations étrangères, qui manqueraient aux traités conclus avec les ministres, violeraient leurs droits et par-là même attaqueraient la prérogative royale : qu'il en serait de même des Chambres qui, convoquées, refuseraient de s'assembler ; et prorogées ou dissoutes, refuseraient de se séparer ; qui ne voudraient pas admettre les ministres dans la salle de leurs séances, ni s'occuper des projets de loi qu'ils leur présenteraient, ni leur accorder la parole toutes les fois qu'ils la demanderaient : qu'il en serait encore de même des électeurs qui se réuniraient sans avoir été convoqués, ou dans un lieu ou à un jour différent, et qui se donneraient eux-mêmes un président : enfin qu'il en serait de même de tout Français qui ne voudrait pas obéir aux magistrats, fonctionnaires, etc., que les ministres auraient nommés, ni se soumettre aux ordonnances faites par eux pour l'exécution des lois. Dans tous ces cas, chacun voit clairement que les droits des délégués du pouvoir exécutif seraient méconnus, et conséquemment que la prérogative royale serait attaquée. Mais hors de là , nous ne voyons pas comment elle pourrait l'être.

Voici un exemple qui rendra la chose sensible. Un homme est accusé d'un crime , sans être coupable. On le traduit en justice ; il est condamné. Fort de sa conscience , il se soumet à l'arrêt et marche tranquillement à l'échafaud ; mais non sans avoir protesté par écrit et sans protester encore de vive voix de son innocence , cherchant à rendre palpables l'erreur et la prévention de ceux qui l'envoient à la mort. Dira-t-on que cet homme méconnaît le droit des juges ? Non ; car il se soumet à leur arrêt. Dira-t-on qu'il attaque la prérogative royale, en vertu de laquelle le Souverain délègue le pouvoir judiciaire à ceux qui lui en semblent le plus dignes ? Non ; car il respecte tous les droits que confère cette délégation. On ne le dirait même pas , s'il proclamait indignes de la confiance du Souverain ces hommes capables de confondre ainsi l'innocent avec le coupable. Car, même alors , il respecterait leur décision en s'y soumettant ; il leur obéirait : et l'obéissance est le seul devoir qu'imposent au sujet les droits inhérens au caractère de juge.

De même les droits inhérens au caractère de délégué du pouvoir exécutif n'imposent au sujet que le devoir de l'obéissance dans le cercle de ses attributions. Mais s'il est vrai que certains ennemis du Ministère aient quelquefois parlé de lui désobéir ou de se révolter contre lui dans ce même cercle (1) , il est vrai aussi qu'ils n'ont pas trouvé d'échos, et que les amis du Ministère voudraient interdire jusqu'aux remontrances et à la plainte , quand ils nous entretiennent de ses droits au respect et à l'obéissance générale. En conséquence leur doctrine est fausse et exagérée. Mais qui peut ignorer qu'un excellent moyen de perdre la meilleure cause est de l'appuyer sur des doctrines fausses ? Second vice.

Troisièmement , dès que l'intelligence de l'enfant commence à se développer, son père se garde bien de lui dire qu'il doit faire telle chose , parce qu'il le veut. Au contraire , il s'efforce de lui faire comprendre que ce qu'il lui commande est réellement juste et utile.

_____

(1) Entre autres choses , on a conseillé aux Députés de sortir en masse dès que M. de Bourmont entrerait dans la salle des séances.

Ainsi des nations. Dès qu'elles sont arrivées à un certain point d'intelligence et de civilisation , leurs chefs doivent s'efforcer de leur prouver que leurs ordres sont en harmonie parfaite avec la justice et l'intérêt général. Alors le règne du bon plaisir est passé : c'est celui de la volonté sage et réfléchie.

Sans mériter le reproche de juger la France avec trop de faveur, il nous semble qu'on peut la regarder comme parvenue à ce point où la voix qui commande ne doit plus compter sur une confiance aveugle , mais est assurée de l'obéissance la plus complète , si elle prouve qu'elle a pour elle le bon droit ou la raison. Pourquoi donc cette vérité si simple a-t-elle été méconnue ou négligée de tous ceux qui se sont faits les défenseurs du Ministère ? « Je le veux , » ont-ils semblé faire dire au Roi ; qui de vous osera me deman- » der compte de ma volonté , comme s'il n'était pas incapable de » peser les motifs d'une détermination royale , de comprendre la » pensée des maîtres de la terre et de pénétrer les mystères du gou- » vernement? A moi de commander ; à vous d'obéir. Je vous ai » fait connaître mon choix : inclinez-vous et croyez qu'il est bon. » *Sic volo , sic jubeo , sit pro ratione voluntas.* » Et la France attend encore qu'on lui fasse connaître les motifs qui ont fait tom- ber le choix royal sur M. de Polignac et ses collègues.

Mais , outre que mépriser à ce point un pays aussi éclairé que la France , c'est se rendre coupable d'une grave injustice , n'y a-t-il pas une grossière impertinence à traiter avec cette hauteur un peu- ple essentiellement délicat sur les convenances , et trop sensible peut-être à l'honnêteté des procédés ? Troisième vice.

§ 3. *Vices du troisième argument.*

Depuis long-temps on semblait être convenu que le Roi de France est placé trop haut pour qu'on puisse le faire descendre , sans in- jure , dans l'arène politique ; ou que son nom est trop saint pour qu'on puisse le prononcer , sans le prostituer , au milieu de nos profanes discussions. Car c'est là une de ces convenances sociales et un de ces procédés parlementaires ou constitutionnels qui doivent être réputés lois de l'État , et qu'on ne saurait trop religieusement respecter. Telle la Divinité dont on ne doit jamais invoquer la volonté pour expliquer un phénomène. Pourquoi donc ne cesse-t-on pas de demander amour et confiance pour les Ministres, au nom de la confiance et de l'amour que le Roi leur accorde, dit-on ? C'est une inconstitutionnalité choquante: premier vice.

Mais s'il est vrai que, pour être dignes de nos pères, nous devions n'avoir jamais d'autres affections, ni d'autres sentimens que les sentimens et les affections du Roi, que penser de ceux qui furent si long-temps les ennemis de M. Decaze, que Louis XVIII honorait certainement de son amitié, et de ceux qui n'ont cessé de se déclarer contre M. de Villèle, que l'on ne dira pas n'avoir pas joui de l'amitié de Charles X, qui l'avait désigné, recommandé, peut-être même imposé à son frère mourant ? Ainsi les défenseurs officieux du Ministère se trouvent encore ici en contradiction avec eux-mêmes : vice déjà reproché.

De plus, ces mêmes défenseurs ne cessent de déplorer l'état malheureux de la France actuelle, évidemment déshéritée de ce royalisme du cœur qui semblait le patrimoine des vieux Français. Mais pourquoi donc implorer grâce et merci pour le Ministère, au nom de ces sentimens qui n'existent pas ? N'est-ce pas là demander l'aumône à un athée, au nom de Dieu, c'est-à-dire, tomber dans la niaiserie ? troisième vice.

Enfin, quand même les cœurs français seraient encore accessibles à ces sentimens, il ne serait pas bien de chercher à les émouvoir dans des circonstances semblables à celles dans lesquelles nous nous trouvons ; et la raison conseillerait plutôt d'en triompher, comme d'une faiblesse. En effet, supposez deux de ces royalistes de cœur, également persuadés que les Ministres actuels jouissent de l'amitié du Roi qui les désire, qui les veut ; et que néanmoins ils sont incapables de faire le bonheur de la France. L'un, pour ne pas affliger le Roi par une opposition qu'il sait lui déplaire, fait disparaître en quelque sorte les Ministres dans un nuage d'encens, leur prodigue tous les témoignages du dévouement le plus sincère, de la confiance la plus absolue, et emploie tous les moyens possibles pour faire croire qu'il regarde ce choix comme le meilleur qui ait pu être fait. L'autre, au contraire, manifeste ouvertement sa pensée au prince, déclare voir avec peine des Ministres dont il n'attend que du mal, refuse hautement de passer pour leur ami , et plutôt que de préparer au Roi des repentirs éternels , préfère lui causer une peine d'un moment. Nous le demandons , lequel de ces deux hommes comprend le mieux le royalisme ou le dévouement au Roi ? Nul doute que ce ne soit le second. Le premier n'est en réalité qu'un lâche et plat courtisan. Et pourtant, c'est lui qu'on ne rougit pas de proposer pour modèle : quatrième vice.

§ 4. *Vices du quatrième argument.*

Représenter le ministère de M. de Martignac comme un minis-tère démagogue , nous ramenant rapidement aux jours de 93 et de 95, c'est en vérité compter un peu trop sur la crédulité de ses lec-teurs. C'est dépasser encore les calomnies qui représenteraient M. de Polignac comme voulant rétablir tous les droits féodaux , les priviléges de la noblesse , les priviléges du clergé , les parle-mens , la bastille , la censure royale , etc. Car enfin , il y a moins loin de M. de Polignac à un seigneur de l'ancien ré-gime, que de MM. Martignac, Hyde de Neuville, Portalis, à des jacobins.

Mais n'en finirons-nous donc jamais avec ces grands mots de révolution et de contre-révolution, auxquels ne croient pas surtout ceux qui les prononcent le plus , et qui sont exclusive-ment propres à épouvanter les imaginations , troubler les intelli-gences et à nous jeter tous , comme des hommes éperdus , hors des sentiers de la sagesse et de la raison? Ceux qui s'en font un jeu cruel assument sur eux une grave responsabilité. La France est en droit de les accuser de tout ce qu'elle souffre depuis quinze ans , et de la perte de tous les biens dont elle a été empêchée de jouir par cette funeste préoccupation. Le premier de tous les crimes est peut-être de spéculer sur de tels mensonges.

D'ailleurs si le ministère précédent a été faible , ce fut en-vers le côté droit de la Chambre plutôt qu'envers le côté gauche ; et s'il a été coupable d'imprudence , ce fut surtout en ne prévoyant pas d'où soufflait le vent qui devait le ren-verser.

§ 5. *Vices du cinquième argument.*

« En matière de politique et de législation , disait Pascal , la
» coutume fait toute l'équité , par cela seul qu'elle est reçue : c'est
» le fondement mystique de son autorité. Qui la ramène à
» son principe l'anéantit. Qui voudra en examiner le motif, le
» trouvera si faible et si léger que , s'il n'est accoutumé à
» contempler les prodiges de l'imagination humaine , il admi-
» rera qu'un siècle lui ait tant acquis de pompe et de révérence.

» L'art de bouleverser les états , dit-il encore , est de sonder
» jusque dans la source des coutumes établies , pour y faire re-
» marquer leur défaut d'autorité et de justice. L'usurpation a été
» introduite autrefois sans raison ; il faut la faire regarder comme
» authentique , éternelle , et en cacher le commencement, si
» on ne veut qu'elle prenne bientôt fin. »

En conséquence les hommes les plus sages et les mieux in-
tentionnés évitent avec un soin minutieux d'élever aucune discussion sur l'essence de la souveraineté , la création des sou-
verains et l'origine des pouvoirs. Pourquoi les défenseurs du
Ministère n'imitent-ils pas cette sage réserve ?

Les insensés ! Ils disent que la Charte n'a été et n'a pu être con-
cédée qu'à certaines conditions ; que les Chambres et le Roi se
trouvent ainsi liés par un contrat synallagmatique ; et que , si les
Chambres manquent aux conditions du contrat , le Roi se trouve
soudain affranchi de toute obligation et rentre dans la plénitude de ses droits, c'est-à-dire, dans la jouissance du pouvoir
absolu. Mais si c'était le Roi lui-même qui manquât à ses obligations , nous le leur demandons , qu'en résulterait-il ? Ou
cette question ne leur semble-t-elle pas valoir la peine d'être
examinée?

Selon eux encore, le Roi serait juge et partie dans la cause :
car c'est par lui qu'ils font décider si les Chambres ont rempli
leurs devoirs ou non. Mais si les Chambres s'arrogeaient elles-
mêmes un tel droit, et voulaient aussi juger dans leur propre
cause, encore une fois, qu'en résulterait-il ?

Ainsi l'abîme des révolutions se rouvre sous nos pas, creusé par la main des mêmes hommes qui se disent seuls capables de le combler.

D'ailleurs, que signifient ces menaces adressées par quelques hommes à tout un peuple ? Si la France veut la Charte, qui pourra la lui ôter ? « Le meilleur moyen de gouverner les » peuples (disait Bossuet, et il eût pu dire l'unique) est de » les gouverner comme ils veulent qu'on les gouverne. »

Tu te fâches, dit-on vulgairement, *donc tu as tort*. Vous nous menacez, peut dire aussi la France, donc vous avez peur.

§ 6. *Vices du sixième argument.*

Enfin, quiconque lira le dernier argument, ne pourra s'empêcher de dire aussitôt à ceux qui le mettent en avant :

« Si le Roi nommait pour Ministres MM. Lafayette, Benjamin Constant, etc., et que les libéraux s'écriassent avec emphase : *Ne vous déclarez pas contre des ministres qui n'ont encore rien fait ; avant de les attaquer, attendez que vous les ayez vus à l'œuvre ; ne vous laissez pas aller à d'injustes préventions :* franchement, un tel argument vous fermerait-il la bouche ? Comment donc ce qui serait erreur de la part de vos adversaires se change-t-il en vérité sur vos lèvres ?

» Ou les hommes que vous défendez sont connus, ou ils ne le sont pas. S'ils ne le sont pas, n'a-t-on pas droit de se plaindre que la France soit livrée à des mains sans expérience, comme un vil malade à l'essai d'un écolier ? S'ils sont connus, quelle force peut nous empêcher de préjuger l'avenir par le passé ? C'est même là une loi nécessaire de l'esprit humain ; et nous reprocher d'induire ce que feront ces hommes d'après ce qu'ils ont fait, c'est, en d'autres termes, nous reprocher d'appartenir à l'humanité. »

Ainsi pesés avec vérité et bonne foi, les argumens par lesquels on a défendu le Ministère jusqu'à ce jour, paraissent donc tous mériter les plus graves reproches. Étonnez-vous ensuite que la cause de ce même Ministère soit regardée comme si mauvaise. C'est vous, amis dangereux, qui semblez prendre plaisir à la gâter et à la perdre.

Que les Électeurs, amis du Ministère, le sachent donc bien :
si leur cause est bonne, ce ne peut être pour les raisons
qu'on en a données. Mais que les Électeurs, ennemis du Ministère, sachent de même qu'il est d'un mauvais juge d'apprécier une cause, uniquement sur la plaidoierie d'un ignorant avocat.

CHAPITRE II.

Indication de la marche à suivre pour défendre le Ministère.

Toutes les fois que, renonçant à l'obéissance passive, les sujets se mettent à discuter les motifs des ordres qu'on leur donne, c'est une nécessité pour le Souverain de prouver que ces ordres sont réellement dictés par la justice et dans l'intérêt général. A partir de ce jour, son pouvoir n'a plus de vie et de force qu'à cette condition.

Tel est, sans contredit, l'état actuel de la France. On peut s'en plaindre, si l'on veut, comme d'un mal ; mais c'est un mal enraciné que ne guériront pas toutes les plaintes de nos modernes Jérémies. C'est une nécessité à laquelle de gré ou de force il faut se soumettre.

Donc, on doit respecter, comme autant d'axiomes politiques, les deux propositions : 1° que nul Ministère ne peut long-temps durer en France, s'il n'est approuvé par l'opinion publique ; 2° que l'opinion publique ne peut approuver un Ministère qu'autant qu'elle le juge capable de comprendre ses besoins et ses désirs, qu'elle lui suppose la volonté ferme de les satisfaire, et qu'elle lui croit les moyens sûrs de faire sa volonté. Et malheur à celui qui ne sentirait pas la nécessité de ces deux propositions ! On peut dire de lui que son royaume n'est plus de ce monde.

La même chose doit être dite de celui qui ne comprendrait pas qu'aujourd'hui tous les besoins de la France, comme tous ses désirs, se confondent en quelque sorte dans le besoin et le désir de vivre tranquille et libre, à l'abri de la Charte donnée par Louis XVIII et jurée par Charles X , de recevoir successivement les institutions que cette Charte renferme dans son sein , et de jouir avec sécurité des avantages que lui promettent ces institutions. Encore une fois , si quelqu'un doute de ces vérités , il n'est plus de ce monde ; nous ne concevons rien à la nature de son intelligence , et nous ne connaissons aucun moyen de le guérir de son doute. Car tout ce qu'on pourra lui dire n'aura jamais l'évidence de tout ce qu'il peut voir , en ouvrant simplement les yeux.

Mais ces vérités une fois reconnues , qui ne voit que la véritable manière de défendre le Ministère se présente d'elle-même ? Ainsi , dans les jours qui ont suivi le 8 août , il s'agissait de prouver que ce Ministère avait été nécessairement conçu dans la pensée de donner à la France la liberté , le bonheur et la paix qu'elle désire , et qu'il était éminemment propre à atteindre ce noble but. Aujourd'hui , il s'agit de plus de prouver que , depuis le 8 août , non-seulement la conduite des Ministres n'a pas trahi une seule intention contraire ; mais encore qu'elle a rigoureusement été ce qu'elle devait être , dans l'esprit de leur mission.

Voilà , selon nous , ce qu'il fallait faire , ce qu'il faut faire encore ; mais ce qui n'a certainement pas été fait et ce qui ne se fait pas. Électeurs de toutes les opinions , c'est à vous à juger si nous allons le faire. Car telle est la tâche que nous entreprenons.

A ces mots , vous allez sans doute crier une seconde fois au paradoxe. Nous nous y attendons du moins. Mais daignez nous lire avec attention , dans le silence des préjugés ; et nous espérons qu'après nous avoir lus , chacun de vous dira que ce paradoxe étrange est pourtant la vérité.

~~~~~~

CHAPITRE III.

Explication de la pensée dans laquelle le Ministère a été conçu. Nécessité d'un Ministère composé d'hommes religieux et royalistes.

———————

Il en est des Ministères comme des formes de gouvernement, dont la meilleure pour un peuple, dans certaines circonstances, serait souvent détestable dans d'autres circonstances et pour un autre peuple. Ainsi qui oserait dire que le gouvernement représentatif, actuellement nécessaire en France, n'est pas impossible en Espagne ou à Naples ?

Pour juger la pensée dans laquelle a été conçu le Ministère, il faut donc juger d'abord les circonstances dans lesquelles cette pensée a été conçue.

Ces circonstances sont de deux espèces : les unes, relatives à l'état général de la France ; les autres, relatives à l'état spécial ou particulier de la même France, au 7 août. Nous allons les apprécier successivement, pour dire ensuite les réflexions qu'elles ont dû inspirer et les conseils qu'elles ont dû donner pour la composition du Ministère.

§ 1. *État général de la France.*

En général, la France est comme divisée en deux camps, inégaux en force, égaux en préventions et en animosités. Sur le drapeau de l'un de ces camps on lit : *Dieu et le Roi* ; sur le drapeau de l'autre : *la Liberté et la Charte* : et ces devises leur servent en même temps de mots d'ordre et de ralliement. Les soldats du premier camp sont dits *hommes religieux et monarchiques* ; et ceux du second, *libéraux.*

En général, les hommes religieux et monarchiques reprochent aux libéraux d'être tous ennemis francs ou hypocrites de la monarchie et de la religion, et surtout d'être nécessairement conduits à cette double inimitié par la nature même des principes qu'ils adoptent. Ils ne distinguent pas ces principes de ceux qui ont enfanté les crimes et les horreurs de la dernière révolution. Cette révolution même est anathématisée par eux dans toutes ses parties; dans son commencement, dans sa marche et dans sa fin; dans son principe et ses conséquences; dans ses doctrines, dans ses hommes et dans ses faits. Ils l'effaceraient volontiers de l'histoire, comme une tache pour la France et l'opprobre éternel de ceux qui l'ont faite ou laissé faire. Son nom seul suffit pour les faire entrer en une espèce de fureur, ainsi que tout ce qui la leur rappelle; et quiconque n'éprouve pas pour elle les mêmes sentimens est à leurs yeux un athée, un jacobin, un homme dont on ne peut trop se défier, un suspect avec lequel il faut toujours être sur le *qui-vive*, un *mal pensant* enfin que l'on peut visiter quelquefois, si l'on y est forcé, mais avec une cuirasse et des armes cachées sous ses vêtemens.

D'où cette ardeur toujours nouvelle de leur part à faire saigner d'anciennes blessures et à rouvrir des cicatrices qui ne demandent qu'à se fermer; cet amour de vivre au milieu des tombeaux, pour en faire sortir de sinistres oracles; ces éternelles comparaisons de ce qui est avec ce qui a été; cette persévérance à ne voir partout que des sujets d'épouvantement, et ces épurations continuelles, et cette tendance à resserrer chaque jour davantage leurs rangs, comme s'ils craignaient de voir s'y glisser quelque traître.

Néanmoins, en faisant ce portrait, nous ne voulons pas dire qu'il convient à tous les hommes religieux et monarchiques. Mais ce sont les traits caractéristiques du parti auquel ils appartiennent.

A leur tour, les libéraux accusent leurs adversaires d'être en opposition directe avec l'esprit du jour, qu'ils ne comprennent pas; de vouloir faire rétrograder la France d'un siècle; d'être les ennemis de tout perfectionnement social et de tout progrès des lumières; de voir avec chagrin s'améliorer l'intelligence du peuple et s'accroître son bien-être; de le vouloir le plus pauvre et le plus ignorant possible, pour l'avoir plus maniable, selon le bon plaisir ; et de n'aimer enfin la religion et la monarchie que comme des moyens d'abrutissement et de servitude. Et eux-mêmes ils se laissent ensuite entraîner à juger ainsi la monarchie et la religion. A parler crument, les prêtres et les rois sont à leurs yeux des espèces de bêtes féroces, toujours prêtes à se précipiter sur les peuples pour les dévorer ; souvent habiles à déguiser leur férocité réelle sous des apparences de douceur, mais dont on doit, surtout alors, se défier ; qu'il faut chaque jour enchaîner et museler plus sévèrement, et auprès desquelles on ne peut jamais vivre tranquilles, tant qu'on ne leur a pas arraché les ongles et les dents, en attendant qu'on puisse entièrement s'en défaire.

D'où cette surveillance jalouse de tous les actes émanés du sacerdoce et du pouvoir ; cette excessive facilité à s'effrayer de leur part des choses les plus simples ; ce parti pris d'interpréter en mal leurs faits les plus innocens, et de commencer par les condamner l'un et l'autre, toutes les fois qu'ils sont en cause ; et ces demandes toujours plus exigeantes et plus ardentes de garanties nouvelles. D'où encore ces comparaisons fréquentes des peuples soumis à l'autorité des prêtres et des Rois avec ceux qui s'en sont affranchis, et le tableau séduisant du bonheur dont jouissent ces derniers. D'où enfin ces adroites insinuations, à l'aide desquelles on semble vouloir familiariser avec l'idée qu'il est plus facile qu'on ne croit de se procurer le même bonheur, en secouant, comme eux, le joug de cette double autorité.

Mais encore une fois, en faisant ce portrait, nous ne voulons pas dire qu'il convient à tous ceux qui sont ou qu'on dit libéraux. Ce sont seulement les traits caractéristiques de leur parti.

En d'autres termes, les Français se classent par opinion, comme chez d'autres peuples on se classe par caste ou par couleur. Ils sont tous libéraux, monarchiques ou religieux.

Il est vrai que les hommes religieux et les hommes monarchiques paraissent actuellement unis ; mais cette union n'est qu'apparente et chaque instant voit se trahir les germes de division qui dorment habituellement au fond des cœurs, sans avoir cessé d'y vivre. Attaqués ensemble par les libéraux, ils se sont alliés par le vif besoin de résister en commun à l'ennemi commun et de conjurer leur ruine. Mais viennent de beaux jours ; et soudain on rompra l'alliance, comme dans le bonheur on oublie généralement les promesses faites dans l'adversité.

Car les hommes monarchiques ne couvrent les hommes religieux du manteau royal que pour les intéresser à défendre cette même royauté et à faire tourner à son avantage propre l'influence qu'ils leur supposent ou qu'ils veulent leur faire obtenir sur les esprits. Ils voient la religion comme un moyen de faire triompher leurs idées et de réaliser leurs espérances ; voilà le motif de l'alliance qu'ils ont contractée avec elle. A vrai dire, c'est pour eux un instrument dont ils se serviront tant qu'ils le trouveront docile ; mais qu'ils briseraient comme verre, le jour où il serait rebelle ou qu'ils croiraient pouvoir s'en passer. Car ils ne l'estiment que pour l'utilité qu'ils en tirent.

De leur côté, si les hommes religieux consentent à faire régner les Rois au nom de Dieu et par Dieu ; s'ils daignent accorder le droit divin à leur mission, l'infaillibilité à leur pouvoir, l'indélébilité à leur caractère, l'inviolabilité à leurs priviléges et la sainteté à leurs personnes, c'est à la condition *sine quâ non* qu'ils useront de toutes ces choses dans l'intérêt exclusif de la religion, qu'ils se feront eux-mêmes prêtres ou *évêques du dehors*, qu'ils mettront leur puissance temporelle au service de la puissance spirituelle, et que tout ce qu'ils feront sera fait pour la plus grande gloire de Dieu. Pour avoir oublié cette condition, M. de Villèle a été abandonné : et M. de Labourdonnaye lui-même n'a peut-être été forcé d'abdiquer le pouvoir ministériel que pour avoir paru peu disposé à l'accepter. Car c'est à ce prix seulement qu'ils veulent vendre leurs services. N'est-il pas accordé ? Ils ne peuvent plus concourir : *non possumus*.

Les libéraux voient ces germes de division, et s'en réjouissent. Ils ne négligent aucune occasion d'exciter les hommes religieux contre les monarchiques, et les hommes monarchiques contre les religieux : et cependant ils les représentent constamment unis de vœux et d'intérêts, afin de pouvoir, sinon les écraser d'un seul coup, au moins réduire leur pouvoir à l'état de faiblesse qu'ils désirent. Car les libéraux poussent de toutes leurs forces à la démocratie ; de même que les hommes religieux tendent à la théocratie ; et que les hommes monarchiques voudraient établir d'abord un despotisme qu'ils enchaîneraient ensuite par de nombreux priviléges aristocratiques.

Mais une troisième fois encore, en faisant ce portrait, nous savons bien qu'il n'est pas celui de tous les libéraux, ni de tous les hommes monarchiques, ni de tous les hommes religieux. Ce sont seulement les traits caractéristiques et la physionomie propre des trois grands partis qui divisent la France ; ce sont les principes qui les font mouvoir, à leur insu peut-être, et par lesquels seuls ils ont de la vie et de la force.

Sans doute encore il est un très-grand nombre de Français également ennemis des exagérations libérales, monarchiques et religieuses, qui veulent la religion sans intolérance, la monarchie sans despotisme, la liberté sans licence ; et qui sont, à vrai dire, le fond même de la nation. Mais jusqu'à présent ces excellens citoyens n'ont guère eu que des opinions négatives ; c'est-à-dire que sachant très-bien ce qu'ils ne veulent pas, ils ne savent presque pas ce qu'ils veulent. Aussi n'ont-ils pu parvenir à former un parti véritable ; et la preuve en est qu'ils n'ont point de nom. Selon les circonstances, on les voit se porter tantôt à droite, tantôt à gauche, toujours prêts à embrasser la cause du plus faible et à l'abandonner lui-même aussitôt que, devenu plus fort, il semblera vouloir s'élever menaçant ou terrible. Par eux seuls les partis obtiennent la victoire ; mais ce n'est jamais pour eux qu'elle est obtenue. On dirait des zéros politiques, sans valeur par eux-mêmes, et qui ne peuvent être estimés que d'après leur position et la valeur des chefs de colonne à la suite desquels ils viennent se ranger. Peut-être n'en sera-t-il pas toujours, ni même long-temps ainsi. Mais tel est encore aujourd'hui l'état de la France. On ne gagnerait rien à le nier.

§ 2. *État de la France au 7 août 1829.*

Successeur de huit Ministères, qui s'étaient vainement efforcés de se créer une position moyenne entre les deux camps ennemis, dont ils se tenaient plus ou moins éloignés selon les circonstances et leurs affections, le ministère Martignac, qui avait imité leur politique, subissait aussi leur sort. A la fin de la session législative, il languissait, criblé des coups reçus sous les feux croisés de la droite et de la gauche. Car, après l'avoir appuyé quelque temps, la gauche s'était violemment séparée de lui, fatiguée de ses incertitudes, mécontente de quelques-unes de ses paroles et irritée de sa persévérance à lui refuser plusieurs de ses demandes. Elle lui avait présenté, dans les pans de sa robe, la guerre ou la paix. C'était la guerre qui avait été résolue. Et cette même guerre lui avait été, dès le commencement, déclarée par la droite, en haine du mouvement qui l'avait porté au pouvoir, par antipathie pour les personnes qui l'appuyaient, par aversion pour les principes qu'il professait, par horreur des paroles qu'il faisait entendre, et par peur de la marche qu'il annonçait.

Ainsi privé de tout appui, le banc ministériel n'était donc déjà plus debout, et les Ministres ne siégeaient plus que sur des ruines. De toute nécessité il leur fallait des successeurs.

§ 3. *Réflexions qu'inspirait au 7 août l'état de la France.*

En présence de telles circonstances, tout ami sincère de son pays a dû se livrer à de sérieuses réflexions, et se faire à lui-même les questions suivantes :

1° Quelle est, au milieu de cette lutte des partis, la condition nécessaire du bonheur de la France?

2° A quel parti convient-il de donner la victoire? ou qu'est-ce qu'il est juste et utile de conserver et de consolider en France? la religion? la monarchie? ou la liberté?

3° Laquelle de ces trois choses est la plus importante à conserver?

4° Laquelle de ces trois choses est la plus difficile à conserver?

5° Par quels moyens peut-elle être conservée?

Telles sont du moins les questions que nous nous sommes adressées à nous-mêmes : et voici les réponses qu'elles ont amenées.

Première Question. *Quelle est la condition nécessaire du bonheur de la France?*

Réponse. Les nations sont de grandes familles, pour lesquelles nul bonheur ne peut exister, si les membres qui les composent ne sont pas d'abord unis dans les mêmes idées et les mêmes sentimens. La guerre civile est la plus haute expression de la désunion sur ce point; mais long-temps avant d'éclater, elle couve sourdement au fond des cœurs; et elle gronde encore avec force, comme un tonnerre dans le lointain, long-temps après qu'elle a cessé. Restes mal éteints des passions dont la France fut enflammée dans la dernière révolution, les discussions actuelles seraient-elles en outre les préludes d'une révolution nouvelle? Personne ne le sait. Mais ce que chacun peut affirmer, c'est que le Souverain, dont la mission spéciale et unique est de veiller au salut et au bonheur de la France, doit tendre constamment et de toutes ses forces à ce double résultat, en éteignant les haines par tous les moyens possibles, dissipant les préventions, calmant les inquiétudes, réprimant l'exagération des désirs non moins que celle des regrets, redressant toutes les opinions fausses, et réunissant toutes les affections en une seule, l'amour du pays; comme tous les principes en un seul, l'obligation de faire ce qui est juste et utile.

Seconde Question. *Qu'est-ce qui est utile et juste? Est-ce la religion? est-ce la monarchie? est-ce la liberté?*

Réponse. 1° *De l'utilité de la religion.* Quand au sortir de la tourmente révolutionnaire, il s'agit de rétablir en France le culte catholique, les hommes d'état d'alors discutèrent froidement l'utilité des croyances religieuses en général, et en particulier celle des croyances chrétiennes. On sait comment la question fut décidée : et au tribunal de juges intègres, elle ne pouvait pas l'être autrement.

Quelle est en effet la chose la plus utile à une société? Sans contredit, c'est qu'abjurant l'égoïsme ou se dépouillant des sentimens

de la personnalité, chaque membre soit toujours disposé à sacrifier son intérêt particulier à l'intérêt général. « J'aime ma famille
plus que moi-même, et ma patrie plus que ma famille », disait
Fénélon. Plus ce sentiment sera puissant sur chacun, plus la
société sera heureuse.

Mais puisque nul homme n'agit sans motif, comment, dans
l'absence des croyances religieuses, engagerez-vous vos citoyens
à faire un tel sacrifice ?

On leur fera comprendre, disent quelques-uns, *que leur intérêt particulier est renfermé dans l'intérêt général, et que
l'amour de soi, bien entendu, commande ce sacrifice.* Mais cette
doctrine ne peut être comprise que d'une intelligence développée
et à l'aide d'une réflexion forte, qui n'est pas jusqu'à présent
le partage de la majorité. Dans un grand nombre de cas, il
est au moins douteux qu'il en soit ainsi. Et presque toujours
l'avantage qu'il faut sacrifier étant présent et certain, l'avantage
qui doit en résulter étant incertain et éloigné, combien diront qu'un
tiens vaut mieux que deux tu l'auras, et agiront en conséquence ?

*On leur présentera la considération publique comme la récom-
pense des bonnes actions, et le déshonneur comme punition des
mauvaises.* Mais la considération publique s'attache souvent à
de mauvaises actions ; et d'ailleurs pour l'obtenir il s'agit moins
d'être vertueux que de le paraître. C'est une affaire toute d'ex-
térieur et d'habileté de conduite. De même le déshonneur ne
punit qu'un très-petit nombre d'actions et n'atteint que les
maladroits. De plus, qu'importe à certaines gens le mépris public ?

*On les effraiera par la sévérité des tribunaux, les prisons,
l'échafaud.* Mais quelle que soit la sévérité des tribunaux, il est
bien des actions mauvaises et pernicieuses à la société qu'ils
doivent laisser impunies. Quelle que soit aussi l'intégrité et l'habileté des juges, on peut souvent tirer leurs décisions à croix ou
pile. Les prisons et l'échafaud ne reçoivent encore que les
maladroits qui se sont laissé prendre ou n'ont pas su se défendre.
Et quel homme ne se pique pas intérieurement d'un grand fonds
d'habileté ?

On les effraiera par les terribles tableaux du remords. Mais,
après un certain temps, le remords est comme un solliciteur
souvent éconduit qu'on n'ose plus se représenter. Tenez-lui rigueur

et vous êtes sûrs de vous en délivrer. D'ailleurs il renferme une conception de l'avenir et semble une anticipation de la vie future. Quand vous avez coupé les racines de l'arbre, avez-vous bonne grâce à nous en promettre les fruits?

On leur enseignera la loi du devoir et l'obligation imposée à l'homme de s'y soumettre. Mais en supposant que certaines âmes héroïques, d'une trempe forte et d'une noble nature soient capables de cet absolu dévouement au devoir, pour le devoir lui-même, qui peut s'imaginer que les masses se soumettront à des lois dépourvues de sanction, sans espoir certain de récompenses promises à ceux qui les pratiquent, ni crainte de chatimens infaillibles réservés à quiconque les violera? Et dans l'absence des croyances religieuses, où placerez-vous une telle sanction des lois morales?

Ainsi, sans les croyances religieuses, on ne peut trouver de motif suffisant pour faire sacrifier l'intérêt individuel à l'intérêt général : de sorte que leur utilité est démontrée pour quiconque sait user librement de sa pensée.

Mais cela ne suffit pas. Parmi les religions qui se partagent la croyance universelle, laquelle est la plus utile? Nul doute que ce ne soit celle qui est le plus en harmonie avec les habitudes de la France, avec ses lumières et ses besoins, ses institutions et ses mœurs. Et comment ne pas reconnaître ces caractères dans le Christianisme, qui s'est comme incorporé à toutes les sociétés européennes qu'il a portées dans son sein, qui les a imbues de son esprit, pénétrées de son âme, et dans lequel et par lequel il est vrai de dire qu'elles vivent et qu'elles existent?

Telles furent du moins les considérations qui engagèrent les hommes d'état, dont nous parlions tout à l'heure, à proclamer l'utilité des croyances chrétiennes. Qui pense que leur décision doive être révoquée?

2° *De l'utilité de la monarchie.* Long-temps avant la révolution de 1789, les publicistes semblaient s'être donné le mot pour reconnaître en théorie, non-seulement l'utilité, mais encore la nécessité d'un roi dans une société nombreuse et vieillie. Leurs raisonnemens, dont nous pourrions encore nous servir, étaient appuyés sur un grand nombre de faits que leur offrait le passé. Mais, aux yeux de bien des gens, l'histoire ancienne est si vieille qu'elle n'est peut-être plus vraie.

Que ceux-là ne refusent donc pas du moins de croire à ce qui s'est passé sous leurs yeux, et qu'ils se rappellent tout ce qui a été fait en si pure perte pour établir parmi nous un gouvernement républicain. Ceux qui le voulaient n'étaient pas tous des hommes à dédaigner. Beaucoup d'entre eux avaient une raison forte, une intelligence éclairée et une rare éloquence. Ce qui leur manquait, ce n'était ni une volonté ferme, ni des intentions droites et généreuses, ni l'habileté dans les affaires. Ils étaient même tout-puissans en apparence et semblaient pouvoir disposer de la France en seigneurs absolus, comme d'une table rase. Mais il existait au fond des choses une force réellement toute-puissante, qui neutralisait tous leurs efforts, déjouait tous leurs projets et faisait échouer toutes leurs entreprises. Puisse cette grande leçon du moins n'être pas perdue, et l'expérience des pères servir aux enfans !

C'est qu'en effet, indépendamment de tout autre considération, s'il est vrai que pour les individus l'habitude devienne quelquefois une seconde nature, qui a ses besoins, ses exigences ou ses lois comme la première, et qu'il faut respecter à son égal, il n'en est pas autrement de ces grandes collections d'individus, appelés peuples. Et pour la France, vieillie avec ses Rois, nourrie et imbue de sentimens et d'idées monarchiques, on ne peut nier qu'un Roi ne soit nécessaire, à moins qu'on ne croie qu'il est utile de la bouleverser tous les ans, comme un champ qui n'est fertile qu'à cette condition.

3° *De l'utilité de la liberté.* On lit dans le préambule de la Charte :

« Nous avons dû, à l'exemple des rois nos prédécesseurs, ap-
» précier les effets des progrès toujours croissans des lumières, les
» rapports nouveaux que ces progrès ont introduits dans la société,
» la direction imprimée aux esprits depuis un demi-siècle, et les
» graves altérations qui en sont résultées. Nous avons reconnu
» que le vœu de nos sujets pour une Charte constitutionnelle
» était l'expression d'un besoin réel. »

Et ces paroles sont elles-mêmes l'expression de la vérité la plus incontestable qui ait jamais existé. Mais puisqu'il est dans la nature de tout besoin de se satisfaire lui-même, d'une manière ou d'une autre, et de rompre tous les obstacles qu'on voudrait lui opposer, que penser de ceux qui ne reconnaîtraient pas que le respect de la liberté selon la Charte est une condition nécessaire du repos de la France et un axiôme politique, dont l'utilité pratique ne peut être révoquée en doute ?

De plus, puisqu'il est utile et nécessaire de maintenir en France la liberté de la Charte et de l'y consolider, la justice de ce maintien et de cet affermissement est donc aussi démontrée. Car il implique que la souveraineté, qui est essentiellement le devoir de veiller au salut et au bien-être de l'État, ne soit pas aussi le devoir d'employer tous les moyens possibles pour arriver à ce double résultat. Et comment ce qui nous est commandé ne serait-il pas juste ?

Pour la même raison, on doit dire la même chose du maintien et de l'affermissement de la religion et de la monarchie parmi nous, comme il est évident.

Ainsi, chose frappante ! de simples calculs sur ce que demandent nos intérêts nous conduisent au même point que la réflexion libre et désintéressée, recherchant la justice et la vérité pour elles-mêmes, à la seule lumière de la raison, et nous donnent le même jugement qu'elle sur le caractère des principes proclamés dans la Charte, notre évangile politique ; sur ceux de l'Évangile, la grande Charte des peuples ; et sur ceux qui servent de base au code immortel de la monarchie.

TROISIÈME QUESTION. *Laquelle de ces trois choses, la religion, la monarchie, la liberté, est la plus importante à conserver ?*

RÉPONSE. De même que les vérités s'enchaînent les unes aux autres, par des anneaux indissolubles ; ainsi les choses utiles et vraies sont toutes intimement liées, comme les membres d'une noble famille bien unie. Frappez-en une ; elles paraissent toutes blessées du même coup, languissent et meurent à ses côtés.

1° *Que la religion est nécessaire à la monarchie et à la liberté.* Frappez la religion : et vous saurez bientôt si Montesquieu n'a pas eu raison de dire : « Un prince qui aime la religion

» et qui la craint, est un lion qui cède à la main qui le flatte
» ou à la voix qui l'apaise. Celui qui craint la religion et qui
» la hait, est comme les bêtes sauvages qui mordent la chaîne
» qui les empêche de se jeter sur ceux qui passent. Celui
» qui n'a point du tout de religion, est cet animal terrible qui
» ne sent sa liberté que lorsqu'il déchire et qu'il dévore. » Et
dans ces horribles saturnales du pouvoir, quel danger ne court
pas la monarchie ?

Frappez la religion : et bientôt vous recommencerez les mauvais
jours de vos pères, qu'une triste expérience éclaira trop tard
sur le sort qui est réservé à la liberté, dans l'absence de toute
religion ; et comme eux, vous verrez cette liberté, que vous
dites aimer, successivement exploitée par d'obscurs tyrans, qui
ne craindront pas de graver le nom de la mort à côté du sien ;
imitant ce grand *contempteur des dieux*, que le poète nous
représente attachant des cadavres à des corps pleins de vie (1).

2° *Que la monarchie est nécessaire à la liberté.* Frappez
la monarchie française, à laquelle nos vieilles communes
durent leur premier affranchissement, et qui se montra généralement protectrice de nos libertés : et vous tuez du même coup
la liberté, comme une plante à laquelle vous arrachez son tu-
teur. Car c'est parmi nous surtout qu'il a été vrai de dire que
« l'autorité suprême peut seule donner aux institutions qu'elle
» établit la force, la permanence et la majesté dont elle est elle-
» même revêtue ; qu'ainsi, lorsque la sagesse des Rois s'accorde
» librement avec les vœux des peuples, une Charte constitu-
» tionnelle peut être de longue durée ; mais que, quand la violence
» arrache des concessions à la faiblesse du gouvernement, la
» liberté publique n'est pas moins en danger que le trône même. »
(*Préambule de la Charte.*)

3° *Que la liberté est nécessaire à la monarchie et à la religion.*
Frappez enfin la liberté même : et violemment ramenée, contre
la nature des choses, au règne du bon plaisir, la Royauté ne
sera pas long-temps sans payer bien cher cette puérile licence ;
et bientôt assise sur les débris du trône, au milieu des fragmens

(1) Voyez A, à la fin du volume.

épars du sceptre et de la couronne, elle versera des larmes amères sur cette erreur d'un moment.

Frappez la liberté : et dans l'indignation générale qu'excitera cet attentat contre les hommes religieux qu'on accusera certainement d'en être les conseillers ou les complices, à quels dangers ne sera pas exposée la religion?

Ainsi la religion, la monarchie, la liberté sont intimement liées l'une à l'autre et comme les trois personnes de la trinité politique, qui seule peut et doit obtenir les hommages de la France. Anathème donc sur les hérétiques qui voudraient contester l'égalité de leurs droits à notre respect et à notre foi! mais amour et honneur au Souverain qui, comprenant la nature et l'étendue de sa mission, travaillera constamment à rallier tous les Français dans l'unité de croyance à ce dogme national!

Quatrième Question. *Laquelle de ces trois choses, la religion, la monarchie, la liberté, est la plus difficile à conserver ?*

Réponse. De ces trois choses, il en est une surtout qui a maintenant de profondes racines dans le pays, ou qui tient à la plupart des âmes par le triple lien des idées, des sentimens et des intérêts; la liberté. Admise de l'intelligence comme une vérité, aimée du cœur comme une beauté, et adoptée de l'esprit de calcul comme la source d'avantages incalculables, la liberté est voulue par l'immense majorité des Français, et par-là même est à l'abri de tout danger réel. Car non-seulement il est inouï que la vraie volonté d'un peuple ait été frustrée de ses effets par des individus quelconques ; mais il est encore impossible que cela soit. Au peuple en effet appartient une souveraineté de fait qui souvent opprime la souveraineté de droit ; souveraineté terrible qui lance ses arrêts de mort, tantôt contre les personnes, tantôt contre les choses ; souveraineté d'autant plus semblable à la force du destin que celui qui en est le ministre l'est souvent à son insu ; souveraineté capricieuse, qui soutient en Espagne et à Lisbonne le pouvoir absolu qu'elle resserre chaque jour en Allemagne, et qu'elle a naguères défait en France, comme elle l'y déferait encore, si par hasard il pouvait un seul instant s'y rétablir : mais souveraineté constamment irrésistible et à laquelle, quand elle a dit, *je veux*, on ne peut que répondre en s'inclinant, *que la volonté soit faite.*

Mais, au lieu de cette énergie avec laquelle on veut la liberté, la religion n'obtient généralement qu'une froide indifférence, quand elle est toutefois assez heureuse pour ne pas rencontrer le mépris et la haine. Les plaintes continuelles de ses ministres suffiraient seules pour en faire foi.

De même la monarchie voit le dévouement à sa cause généralement remplacé par une indifférence de glace : et malgré une mémorable protestation partie de haut lieu, elle compte même beaucoup d'ennemis ardens ; tandis que ses plus grands défenseurs et ses plus chauds amis ne sont guère hardis qu'en paroles, et manquent de ce qu'il faut pour soutenir noblement une noble cause. Ils n'ont pas de foi.

Ces lignes ne sont sans doute qu'un simple récit. Mais de ce récit simple et véridique sort cette grande leçon, que ce qu'il faut surtout s'efforcer d'obtenir, c'est la fin de l'indifférence générale pour les croyances religieuses et monarchiques ; c'est l'extinction des préventions et des haines libérales contre les mêmes idées ; c'est la décharge des griefs élevés contre les amis de la monarchie et de la religion prononcée par les amis même de la liberté et de la Charte ; c'est enfin la réconciliation des libéraux avec les hommes religieux et monarchiques, ou l'absolution générale de ces derniers au tribunal de l'opinion publique.

Cinquième Question. *Comment peut-on conserver la monarchie et la religion ?*

Réponse. Interrogeons l'histoire contemporaine. Quoi que disent les courtisans, il est certain que la restauration de la monarchie ne fut pas vue sans répugnance par un grand nombre de Français : et il était impossible qu'il en fût autrement. Car, comment les intérêts moraux et matériels, qui avaient fait la révolution ou qu'elle avait créés, n'auraient-ils pas été en émoi, se voyant à la disposition de ceux qui avaient toujours été leurs ennemis ? Mais ils furent calmés par la déclaration de St.-Ouen, d'abord ; puis plus tard par la promulgation de la Charte constitutionnelle ; et ce fut alors qu'il y eut en effet un enthousiasme de royalisme, dans lequel chacun oubliant le passé, jouissait du présent, et s'abandonnait avec confiance à l'avenir.

Mais le gouvernement du Roi se méprit sur la nature et la

cause de cet enthousiasme, et il fit des fautes, selon le noble aveu de Louis XVIII. Il regarda comme une renonciation aux idées libérales ce qui n'était en réalité qu'une explosion de joie de posséder une Charte libérale et d'avoir conquis la monarchie même à la liberté. Il inspira des craintes à cette liberté, et amena le 20 mars avec ses malheurs.

La seconde restauration fut à la fois plus sombre et moins sombre que la première. Elle le fut plus, parce qu'au lieu de simples défiances et de vieilles inimitiés, c'étaient des haines nouvelles et des antipathies certaines qui se trouvaient en présence : elle le fut moins, parce que la liberté s'était reconnu son ancienne force, et avait confiance en elle-même. Tant qu'elle douta si elle devait compter le Roi parmi ses amis ou ses ennemis, elle fut en garde contre lui ; et la monarchie ne vivait que par la grâce des bayonnettes étrangères. Mais vint l'ordonnance du 5 septembre ; et aussitôt elle lui tendit une main amie, dont le gage fut encore une fois l'enthousiasme de la France et son amour pour la royauté.

Quoi que puissent dire encore les courtisans, il est certain que la mort de Louis XVIII inspirait une crainte générale ; et qu'au nom de son successeur, s'éveillaient de tristes souvenirs et s'agitaient des pressentimens plus tristes encore. Étaient-ils fondés ou non ? peu importe ; ils existaient. Depuis le 5 septembre, on n'avait pas cessé de parler de gouvernement occulte, de congrégation, de pavillon de Marsan, etc., et à chaque fois on sous-entendait le nom de l'héritier de la couronne, comme étant l'âme des projets dont l'idée seule paraissait effrayante. Armé du pouvoir, leur auteur s'en servirait-il pour les exécuter ; ou Charles X oublierait-il les erremens supposés du comte d'Artois ? On doutait : le doute engendrait la crainte ; et l'on connaît toutes les suites de ce sentiment. Mais le jour de son avénement, Charles X rappelle qu'il a juré la Charte ; il dit qu'il ne veut que continuer le règne de son frère ; il défend qu'on l'entoure de hallebardes ; il abolit la censure : et aussitôt s'élève autour de lui un concert unanime de bénédictions, tel que jamais souverain n'en a peut-être entendu. La France reconnaissante payait avec prodigalité les droits de joyeux avénement ; il semblait qu'elle voulait expier l'injustice de ses soupçons et les faire oublier.

Ces lignes ne sont encore que le simple récit des faits. Mais de ce que deux Rois ont vu successivement et alternativement s'éloigner ou se rapprocher d'eux les cœurs de leurs sujets, selon qu'ils ont été crus les amis ou les ennemis de la liberté selon la Charte, que la France veut avant tout, ne suit-il pas nécessairement que plus la Royauté se montrera portée à maintenir et à consolider cette liberté, plus elle se consolidera elle-même et se fera un long avenir : au lieu que le jour où elle se laisserait aller à cet esprit de vertige et d'erreur qui s'empare quelquefois des Rois, comme un funeste avant-coureur de leur chute, et où elle entreprendrait de renverser ou de mutiler cette idole des Français, elle périrait elle-même, victime de sa folle entreprise.

De même, au milieu des flots et des vents soulevés et irrités qui paraissent vouloir éloigner à jamais des rivages de France la barque de saint Pierre, la religion les calmera soudain, comme autrefois le Fils de l'homme calma la tempête, aussitôt que révélant sa nature intime et ne démentant pas son origine céleste, elle proclamera l'inaltérable égalité de tous les enfans de Dieu, défendra le faible contre le puissant, le droit contre la force, la liberté contre l'usurpation, réclamera l'émancipation des peuples et se montrera la plus ardente amie de leur amélioration physique, intellectuelle et morale : au lieu que, si elle fait le contraire, il ne nous reste plus qu'à la plaindre, qu'à nous plaindre nous-mêmes, et à jeter le cri d'adieu. *Conclamatum est.*

Ainsi, pour redire la même chose en d'autres termes, la religion et la monarchie ne peuvent se conserver en France qu'en s'appuyant sur la liberté et la Charte, et elles ne peuvent s'y appuyer qu'autant que les hommes religieux et monarchiques s'en montreront les amis sincères et s'efforceront de faire jouir la France de tous les biens qu'elle en attend.

En Résumé, les questions posées au commencement de ce paragraphe se résolvent donc ainsi :

1° La condition nécessaire du bonheur de la France est la réconciliation des Français et leur réunion dans les mêmes idées et les mêmes affections.

2° Les idées et les affections dans lesquelles les Français doivent se réunir sont la croyance à la vérité des principes religieux, monarchiques, libéraux; et l'amour pour ces trois choses comme éminemment belles et utiles.

3° Aucune de ces trois choses ne peut exister seule : elle réclame impérieusement l'alliance des deux autres.

4° Énergiquement voulue par le plus grand nombre, la liberté ne court aucun danger prochain ni direct. Ce sont ceux qui la défendent qu'il faut surtout réconcilier avec les hommes religieux et monarchiques.

5° L'histoire récente apprend que le véritable et l'unique moyen de réconcilier les libéraux avec les hommes religieux et monarchiques, c'est de faire consolider et développer par ces deux derniers la Charte constitutionnelle, objet de l'affection des libéraux: ce qui veut dire, en d'autres termes, que l'unique moyen d'opérer la réconciliation générale est d'appeler au Ministère des hommes universellement reconnus comme monarchiques et religieux, et de leur donner la mission spéciale de travailler de toutes leurs forces à éterniser en France le règne des libertés constitutionnelles.

§ 4. *Conclusion.*

Nous n'avons pas l'honneur d'être admis à l'intimité de la pensée royale; et si nous l'avions, nous ne le dirions pas, par respect pour le prince d'abord, et en second lieu, par respect pour les principes constitutionnels.

Nous n'avons pas davantage la prétention d'être initiés à la secrète pensée des conseillers intimes de la couronne. Mais puisqu'en les supposant, à la fin de la session de 1829, occupés des réflexions si naturelles que nous venons d'indiquer, on trouve qu'ils ont dû être amenés à la pensée qu'un Ministère composé d'hommes religieux et monarchiques était le seul bon pour la France, et d'une indispensable nécessité; pourquoi ne pas faire cette supposition?

D'un côté, nous voyons l'effet; et de l'autre, une cause qui l'explique parfaitement. Quelle règle de saine logique défend d'en admettre l'existence, surtout quand l'unique autre cause assignable est évidemment absurde, destructrice d'idées arrêtées sur certaines intentions, et en contradiction manifeste avec des caractères bien connus? Ce qui a lieu ici.

Car franchement n'est-il pas absurde de supposer que le Ministère ait été conçu dans une pensée réelle de rancune contre la Charte constitutionnelle, de haine contre les libertés publiques, et *pour réparer des ans l'irréparable outrage* ou refaire l'édifice du passé? Nous concevons que de telles idées trouvent place, pendant vingt-quatre heures, dans la tête d'un ambitieux rédacteur de journal, ou d'un libelliste éhonté ; mais dans celle d'un homme d'état quelconque, jamais. En second lieu, une telle supposition accuse de mensonge les intentions, si souvent manifestées par le Roi, de continuer le règne de son frère, ou de maintenir la Charte ; et la loyauté et la piété bien connues du même Roi défendent de supposer qu'il ait pu dire le contraire de ce qu'il pensait, et méditer la violation de ses sermens.

Les Électeurs rejetteront donc une telle supposition ; et ils croiront avec nous que nous avons trouvé la véritable manière d'expliquer la pensée dans laquelle a été conçu le Ministère du 8 août.

Mais s'ils admettent la réalité de cette pensée, comment la condamneront-ils, puisqu'elle est seule en harmonie avec les vrais intérêts de la France, et seule inspirée par le désir le plus sincère et le plus éclairé de faire jouir les Français de tout le bonheur qu'ils doivent raisonnablement espérer ?

CHAPITRE IV.

Suite du Chapitre précédent.

QUAND une fois on a découvert une vérité long-temps restée inconnue et qu'on vient à la méditer de nouveau, on s'étonne de toutes les raisons qui l'appuient et du grand nombre d'argumens qui se présentent pour la défendre.

Ainsi, la nécessité de fondre en un seul parti tous les partis qui divisent la France et de réconcilier tous les Français dans un égal amour pour la religion, la monarchie et la liberté étant une fois reconnue, celui qui aura découvert en outre que cette fusion ou cette réconciliation générale des partis ne peut être opérée que par un Ministère d'hommes religieux et monarchiques, se dévouant sincèrement à la cause des libertés constitutionnelles; celui-là, disons-nous, verra jaillir de tous côtés de nouvelles preuves de cette vérité.

En d'autres termes, si nous supposons qu'au 7 août, pour les raisons indiquées, les conseillers de la couronne aient pensé qu'il fallait à la France un Ministère d'hommes incontestablement religieux et monarchiques, qui travailleraient franchement à réaliser les promesses de la Charte, ces mêmes conseillers méditant de nouveau sur cette pensée, ont dû la sentir fortifiée par une foule d'autres raisons, moins fortes que les premières sans doute, mais cependant propres à les attacher de plus en plus à leurs résolutions.

Notre intention n'est pas de les exposer ici. Nous voulons seulement en indiquer quelques-unes, que nous prenons comme au hasard, et que nous donnons sans développemens, persuadés qu'après tout ce qui précède, il suffit de les énoncer pour qu'elles soient aussitôt comprises de tout le monde.

Premièrement, le parti qui se compose des hommes religieux et monarchiques est évidemment en grande minorité. Cette minorité, dont il a conscience, le rend naturellement défiant et susceptible à l'excès. L'effet nécessaire de cette susceptibilité est de le faire craindre pour les objets de son affection, toutes les fois qu'il voit le pouvoir entre les mains de ceux qu'il en croit ennemis. Alors il se consume en tristes pressentimens ; et les cris d'alarme qu'il pousse sans cesse, avec une énergie violente, jettent le trouble dans la société.

Au contraire, quelque susceptibles que soient les libéraux, ils vivent en sécurité, comparés à leurs adversaires. Forts de leur nombre, le sentiment de leur force leur inspire la confiance. Ils voient sans trembler leurs ennemis, même armés du pouvoir, parce qu'ils croient qu'en dernière analyse ce pouvoir ne peut rien contre la force des choses, et que cette force est pour la liberté.

D'où il suit que, pour le repos de la société, les délégués du pouvoir exécutif doivent être choisis parmi les hommes religieux et monarchiques plutôt que parmi les libéraux.

Secondement, les mêmes hommes religieux et monarchiques se persuadent facilement que, sous un Roi très-chrétien, le gouvernement leur appartient. Entre tout autres mains, il semble qu'il soit une usurpation.

Au contraire, les libéraux se croient appelés à surveiller les actes du gouvernement plutôt qu'à en exercer les fonctions ; et ils se résignent sans peine à voir le pouvoir en d'autres mains ; pourvu qu'on ne paraisse pas déterminé à s'en servir contre eux comme d'une arme.

La prétention des premiers est sans doute ridicule. Mais puisqu'on ne peut refuser de la satisfaire, sans exciter de vifs mécontentemens, et qu'en la satisfaisant on ne blesse aucune prétention contraire, comment hésiter sur la marche à suivre ?

Troisièmement, si l'on veut être franc, l'on ne peut nier que ce qui est réellement à craindre, dans la disposition actuelle des esprits, ce ne soit ni la théocratie ni le despotisme. Car comment la théocratie s'imposerait-elle à un peuple sans foi, tourmenté du besoin de raisonner ? Et comment le despotisme s'établirait-il dans un pays, où chaque délégué du pouvoir, avant d'agir, se demande si la loi lui en donne le droit; où chaque sujet, avant d'obéir, se demande si la loi lui en impose le devoir.

Mais ce qui n'est pas une chimère, c'est la crainte qu'on ne se laisse aller à tirer des principes de liberté plusieurs conséquences exagérées et pernicieuses. Là se trouve véritablement le danger.

- De sorte que les libéraux ont plus de tendance que les hommes religieux et monarchiques à rompre, ou, si l'on aime mieux, à empêcher l'alliance, cependant si désirable pour notre bonheur à tous, de la religion, de la monarchie et de la liberté.

Quatrièmement, encore imbus pour la plupart des principes d'une philosophie matérialiste et comprenant la liberté de la manière dont l'explique cette philosophie, impuissante à s'élever au-dessus des sens et qui ne peut rien comprendre au-delà de l'utile, les libéraux qui raisonnent sont malheureusement conduits à ne faire grand cas ni de la monarchie, ni de la religion. Car leur utilité matérielle ne tombe pas directement sous tous les sens.

Au contraire, ceux qui s'attachent rigoureusement aux principes religieux et monarchiques et sont capables d'en suivre les conséquences, arrivent nécessairement à la liberté. Motif tout-puissant pour les choisir de préférence à leurs adversaires. Car une fois introduit dans le monde, un principe y produit toujours tôt ou tard ses conséquences nécessaires. C'est la loi de la Providence.

Cinquièmement, quels que soient les progrès de notre éducation constitutionnelle, il s'en faut bien que nous soyons mûrs pour toutes les libertés. Il est encore bien des vérités que nous ne pouvons pas supporter ; comme ces enfans et ces personnes faibles ou convalescentes dont l'estomac ne peut s'accommoder de la nourriture des forts. Cependant, donnez le pouvoir à des libéraux, et par position, indépendamment de tout autre cause, ils seront poussés à nous prodiguer immédiatement et à la fois toutes les libertés qu'ils réclament depuis long-temps. Ce n'est même qu'à ce prix qu'ils pourront être soutenus par les hommes de leur parti, qui chaque jour deviendront plus exigeans, comme des parens de Ministres. Et dès lors, qui pourra répondre que nous ne serons pas bientôt étouffés sous le poids de leurs bienfaits, comme ces sénateurs romains qui périrent ensevelis sous des monceaux de fleurs ?

Au contraire, donnez le pouvoir à des hommes religieux et monarchiques, et soudain s'évanouissent tous ces dangers. Alors les libéraux n'ont plus la même ardeur d'exigence. Déjà satisfaits qu'on ne leur conteste ni ne veuille leur enlever les libertés qu'ils possèdent, ils jouissent du présent, sans vouloir anticiper sur l'avenir. La plus petite liberté nouvelle leur semble d'un prix infini. C'est un bien inespéré, une véritable conquête. Chaque jour les esprits deviennent plus éclairés et plus forts, et reconnaissent ou acquièrent ce qui leur manque pour un degré supérieur de liberté : et pour se développer lentement, la Charte n'en devient que plus durable ; comme ces grands arbres qui sont des siècles à croître.

Sixièmement enfin, de même que les désirs fougueux des libéraux ne peuvent être réprimés que par un Ministère d'hommes religieux et monarchiques, ainsi les tardifs regrets des hommes religieux et monarchiques eux-mêmes ne peuvent être sûrement comprimés que par un Ministère composé de ceux qu'ils se sont accoutumés à regarder comme leurs chefs. Car en les voyant donner l'exemple du sacrifice, ils en comprendront mieux la nécessité inflexible, et seront plus disposés à s'y résigner. Ce sera comme une triste nouvelle qui perd de son amertume, quand elle nous est transmise par une bouche amie ; ou comme une opération douloureuse qu'on supporte plus volontiers d'un médecin dévoué.

Nous le répétons, ces raisons ne sont pas les seules qui aient dû se présenter aux conseillers de la couronne, au moment de composer un nouveau Ministère, ni conséquemment les seules qu'on puisse apporter pour expliquer et justifier la pensée dans laquelle ils ont conçu ce Ministère. Elles pourraient aussi recevoir d'amples développemens. Mais avec les Électeurs, l'élite de la France, est-il donc nécessaire de tout dire ? A nos yeux, se défier de leur intelligence est comme se défier de leur patriotisme. C'est une injure.

CHAPITRE V.

Motifs qui ont fait choisir pour Ministres M. de Polignac et ses collègues. Nécessité de ces motifs.

Dans ce chapitre, nous ne nous proposons pas de chercher à prouver que M. de Polignac et ses collègues étaient vraiment les hommes nécessaires, les seuls que l'on pût choisir pour Ministres. Ce serait une folie ; et ils se fâcheraient eux-mêmes qu'on supposât qu'en France il n'y a pas sept autres citoyens aussi capables qu'eux de nous bien gouverner.

Nous n'avons pas non plus l'intention de justifier ces mêmes Ministres dans toutes les parties de leur conduite, antérieurement au 2 mars. Ce n'est pas là notre tâche.

Mais nous voulons montrer que tels qu'ils étaient, ils méritaient réellement, et peut-être plus que tout autres, d'être choisis pour réaliser la pensée dans laquelle avait été conçue la formation d'un Ministère nouveau. Ce qui ne sera pas difficile.

Avant tout, et quoique nous ayons consacré les deux chapitres précédens à faire connaître cette pensée, redisons encore, pour qu'on le sache bien, que c'était la pensée de réunir tous les Français dans les mêmes idées et les mêmes sentimens ; d'établir une alliance indissoluble entre trois choses, qui ne devraient jamais être séparées parmi nous, la religion, la monarchie, la liberté ; et de réconcilier celle-ci avec les deux premières et les deux premières avec elle, en la dépouillant de ses sentimens hostiles et en la faisant prospérer par les soins mêmes de ceux qu'on en croit les plus implacables ennemis.

Ces ennemis, nous l'avons dit encore, et à notre défaut tout le monde l'aurait dit, ce sont ceux qu'on appelle les hommes religieux et monarchiques, parmi lesquels se classent les courtisans, nobles de l'ancien régime ; les émigrés de toutes les époques, depuis 1789 jusqu'au 20 mars 1815 ; les membres et les amis de la majorité *introuvable* ; ceux de la majorité *retrouvée* ; les dévots, amis des jésuites ou membres du *parti-prêtre* ; et les affiliés de la congrégation.

Ou nous nous trompons, ou ces catégories renferment tous ceux qu'on regarde comme les ennemis de la liberté constitutionnelle, garantie par la Charte. C'était donc aussi dans ces catégories qu'on devait aller chercher les membres du nouveau Ministère. Voyons si on l'a fait.

1° *M. de Polignac.*

Nous croyons, pour de bonnes raisons, que M. de Polignac a été généralement mal jugé. Mais ce n'est pas là la question. Pour les Ministres du 8 août, il s'agit moins de ce qu'ils étaient que de ce qu'on les croyait être.

Dans la croyance générale, qu'était donc M. de Polignac ? Il faut le dire : c'était l'héritier sans partage de toutes les idées et de tous les sentimens qui avaient jadis attiré l'aversion publique sur les hommes de son nom ; le conspirateur éternel contre tout ce qui était né de la révolution, choses et personnes ; le gentilhomme rancunier qui avait craint de déshonorer sa noble origine en jurant une Charte où l'on reconnaissait quelques droits aux vilains ; et le type parfait de ces courtisans qui, depuis un demi-siècle, n'ont rien oublié ni rien appris : c'était encore un prince de l'église, recevant de Rome toutes ses inspirations politiques ; un dévot sans lumières, âme de la congrégation, servilement dévoué aux jésuites et leur séide futur contre nos libertés ; un favori du maître, sans autre mérite que celui qui fait ordinairement les favoris : c'était enfin l'homme dont on n'avait jamais cessé d'épouvanter la France, ainsi qu'on menace les enfans du terrible *Croquemitaine*, et que M. de Villèle lui-même avait, pendant cinq ans, présenté comme une tête de Méduse à ses adversaires, toutes les fois qu'il voulait s'en faire supporter.

Ainsi, noble de vieille roche, émigré, constamment dévoué aux personnes et aux choses d'autrefois, ultra-royaliste, catholique fervent, honoré des faveurs du pape, apôtre du jésuitisme et pontife de la congrégation, M. de Polignac était, aux yeux de la majorité, le représentant vrai de tous les ennemis de la Charte constitutionnelle. A tous ces titres, il réunissait aussi sur sa tête toutes les préventions et toutes les haines. A tous ces titres, il méritait donc d'être encore choisi pour le président du Ministère de la réconciliation.

Car, a-t-on dû penser, quelles préventions et quelles haines pourront désormais conserver les amis de la Charte, quand ils la verront maintenue et consolidée par un tel homme? Et si la liberté s'est mise en insurrection contre la religion et la monarchie, pour avoir été menacée par les amis de l'une et de l'autre, ne se réconciliera-t-elle pas avec elles du moment qu'elle se verra sincèrement protégée par celui que les plus fervens parmi les hommes religieux et monarchiques proclament unanimement leur chef? Pensée simple et vraie; mais que l'on n'a pas comprise, peut-être à cause de sa vérité et de sa simplicité!

2° M. de Labourdonnaye.

M. de Labourdonnaye a promptement abdiqué le Ministère. C'est dommage. Car, avec ses théories mystico-politiques dans l'esprit et ses taches de sang à la main, cet homme apparaissait à la multitude comme l'ombre terrible de 1815.

Mais, a-t-on dû penser, quel esprit, si pusillanime qu'on le suppose, pourra s'effrayer encore des souvenirs de cette époque ou en redouter les hommes, quand il aura vu le grand représentant de ces mauvais jours abaisser lui-même la hauteur de son génie pour descendre à des théories constitutionnelles et ne laisser agir que dans le cercle étroit de la loi ce bras toujours prêt à s'armer d'un glaive?

3° M. de Bourmont.

Si M. de Bourmont est un ancien émigré qui ne rentra qu'assez tard en France, pour prendre du service dans les armées de l'Empereur, c'est ce dont le public s'occupe fort peu. Pour lui, M. de Bourmont est exclusivement le traître de Waterloo ; le déserteur que le duc de Berry accueillit par ces paroles terribles : *Monsieur, c'est trop tard ou trop tôt* ; le général qui passa à l'ennemi, lui portant le plan de la bataille qu'on devait livrer le lendemain, qui par-là força Bonaparte à changer subitement ce plan, et causa ainsi la défaite de nos soldats. Il faut le dire, son nom est odieux au soldat qui ne conçoit pas qu'on puisse se battre contre son pays, odieux au citoyen qui ne conçoit pas qu'un général puisse devenir le boucher de ses soldats, odieux à la majorité des soldats et des citoyens qui pleure sur les tombeaux de Waterloo, comme sur ceux des intrépides défenseurs de l'honneur national, et qui n'ose attendre que du mal de ceux qui l'y précipitèrent.

On s'est donc dit : que M. de Bourmont, ministre de la guerre, n'use de son pouvoir que pour augmenter chaque jour l'honneur de la patrie, encourager le mérite militaire et améliorer le sort des troupes ; quelle éclatante réconciliation ! et dans quels rangs ira-t-on chercher désormais les ennemis de l'armée !

4° MM. de Chabrol et d'Haussez.

Rappeler que le premier fut collègue de M. de Villèle et que le second vota pour lui, c'est dire quelle opinion ils étaient appelés tous deux à représenter au Ministère, et conséquemment à quel titre ils méritaient d'être choisis.

5° M. Courvoisier.

Naguères M. Courvoisier siégeait au centre gauche. C'est lui qui dit un jour que la Chambre des députés ne serait bien composée que quand on y verrait une majorité constitutionnelle combattue par une minorité ultra-constitutionnelle. Mais ces paroles et ces actions sont déjà de l'histoire ancienne ; et depuis long-temps le procureur-général a fait oublier le député. Depuis lors M. Courvoisier n'est plus renommé que comme l'ami passionné des jésuites, se livrant, sous leur direction, aux plus minutieux exercices de la vie dévote, et écrivant, sous leur dictée, ces fameux discours où il fait reposer la légitimité sur le droit divin.

Mais , a-t-on pensé , si les partisans de ce droit , les gens à vie dévote et les pénitens des jésuites reconnaissent aux droits du peuple la même sainteté qu'ils attribuent aux droits du souverain ; s'ils font , pour rendre les Français heureux en ce monde , les mêmes efforts qu'ils font pour leur propre bonheur en l'autre , et respectent la Charte avec le même scrupule que les prescriptions de leur confesseur , que pourrait-on désormais leur reprocher et qu'aura-t-on à craindre des partis composés de tels hommes ?

6° *M. Montbel.*

Assurément on n'aurait jamais parlé de M. Montbel , sans sa persévérance à défendre M. de Villèle , et surtout sans l'ardeur avec laquelle il a attaqué les ordonnances qui chassent les jésuites et enlèvent aux évêques la suprême direction des écoles primaires. Ainsi c'était encore un représentant du jésuitisme , c'est-à-dire un représentant de l'opinion que l'on accuse d'être ennemie de l'instruction en général , et en particulier de la liberté d'instruction dont elle veut , dit-on , se faire un monopole qu'elle puisse exploiter à son gré , laissant les générations nouvelles croupir dans l'ignorance ou ne lui donnant que de pauvres connaissances , dans un certain esprit et pour un certain but.

Mais , a-t-on dû penser , que ne dira-t-on pas quand on verra le représentant de cette opinion travailler de toutes ses forces à améliorer l'instruction et lui donner toute la liberté désirable?

7° *M. de Guernon-Ranville.*

La retraite de M. de Labourdonnaye faisait un vide qu'il fallait combler. Il l'a été par M. de Guernon-Ranville , dont on ne croit rien , sinon qu'il est l'enfant gâté de la congrégation. Titre suffisant pour être appelé à la représenter au Ministère et lui donner les moyens de se réconcilier avec la majorité prévenue.

Ainsi chacun des Ministres doit être considéré comme le représentant plus ou moins énergique des opinions contre lesquelles s'élèvent les préventions et les haines de la majorité , et avec lesquelles il faut à toute force la réconcilier , si l'on veut que la

France jouisse d'un véritable bonheur. Chacun d'eux avait donc des titres pour être choisi ; et se plaindre de ce choix c'est ne pas comprendre encore la pensée dans laquelle a été conçu le Ministère du 8 août.

Cependant nous ne serions pas étonnés que la conclusion à laquelle nous sommes nécessairement conduits n'élevât encore ici de violentes réclamations. Peut-être on dira :

« Ne savez-vous donc pas à quel point l'opinion publique
» est déclarée contre ces hommes ; ou méconnaissez-vous l'empire
» de cette opinion, et croyez-vous qu'on puisse impunément la
» braver ? »

Quoi que nous ayons pu dire, expliquons-nous encore.

Premièrement, on ne peut pas nous accuser d'ignorer les préventions et les haines de l'opinion publique contre les hommes dont nous venons de parler. Car c'est en raison même de ces préventions et de ces haines que, selon nous, ils ont dû être appelés au Ministère, afin de pouvoir montrer qu'ils ne les méritaient pas, et faire casser par l'opinion même ses propres jugemens. Seul moyen d'établir l'union entre tous les Français et conséquemment de rendre la France heureuse.

Ainsi, depuis 1814, l'armée nourrissait je ne sais quel mépris et quelle aversion mal déguisée pour les officiers Vendéens et les soldats de Condé. Pour elle, c'étaient des hommes sans aucune habileté, sans véritable bravoure, et dépourvus de toutes les qualités essentielles à un chef militaire. Des siècles de paix auraient été impuissans pour dissiper de telles préventions. Mais un jour de guerre l'a fait. Nos troupes ont vu un instant ces hommes à leur tête ; et désormais elles sont à eux, par tous les liens qui unissent le soldat au chef qu'il aime et qu'il estime.

De même, tant que les hommes, que l'opinion publique accuse d'être ennemis de la Charte, seront en dehors du pouvoir, nulle réconciliation avec eux ne peut avoir lieu. Mais qu'ils gouvernent un jour, et soudain la France peut être à eux et se rallier aux opinions qu'ils représentent.

Secondement, on ne peut pas sérieusement nous accuser de méconnaître l'empire de l'opinion publique. Car l'opinion est le mobile de la volonté ; et nous avons assez dit que la volonté générale ne peut manquer d'avoir son effet. Mais en disant avec tout le monde que l'opinion est vraiment la reine de l'univers, nous ajoutons que c'est une reine de fait, non de droit; une reine souvent exposée à l'erreur, non infaillible; une reine assez disposée à révoquer ses arrêts, non sottement entêtée; une reine enfin qu'il faut souvent avertir de ses erreurs et corriger de ses égaremens, à laquelle on doit quelquefois résister, qui souvent accorde elle-même son estime et son amour comme prix d'une noble résistance, et dont, après tout, il peut être beau d'encourir la disgrâce, comme toute disgrâce de Roi.

Et tel est, selon nous, le cas actuel de l'opinion publique en France; opinion qui se trompe incontestablement en croyant que la religion et la monarchie sont hostiles à la liberté; que sans elles, la liberté non-seulement continuerait d'exister, mais encore serait plus belle et plus forte; que les Français sont assez forts pour supporter toutes les espèces de liberté avec leurs dernières conséquences; et que désormais ceux qui adoptent ces principes sont les seuls auxquels le pouvoir doit être confié. De sorte que c'est cette opinion qu'il faut courageusement avertir de ses torts, au lieu de lui crier, comme un vil flatteur, *pulchrè*, *benè*, *rectè*; qu'il faut corriger de ses vices, au lieu de les fortifier par une complaisance criminelle; contre laquelle il faut lutter et lutter sans cesse, jusqu'à ce que victoire soit à la justice et à la vérité; et dont, après tout, il vaudrait mieux être la victime que l'exécuteur.

Or, qui ne sait qu'aux yeux de la majorité, la religion et la monarchie se personnifient dans le prêtre et le monarque ou ses amis? De sorte qu'au 7 août, les hommes religieux et monarchiques étaient vraiment nécessaires, comme ils le sont encore aujourd'hui, et les seuls médiateurs possibles pour montrer que la religion et la monarchie sont réellement favorables à la liberté.

Sans doute cette manière d'envisager les choses n'est pas commune. Mais aurions-nous pris la plume, si nous n'avions eu à écrire que ce que tout le monde dit? Et pour être écouté du public, faut-il absolument être son écho?

CHAPITRE VI.

Justification de la conduite du Ministère , depuis le 8 août jusqu'au 2 mars. Profonde sagesse de cette conduite.

Amis et ennemis , tout le monde a été d'accord pour vanter comme un chef-d'œuvre d'habileté la conduite tenue par le Ministère , depuis le 8 août jusqu'au 2 mars. Mais comment personne n'en a-t-il fait voir la sagesse profonde ? Serait-ce donc que personne ne l'a comprise ?

Sans doute , il y a du mérite à être un homme d'affaires habile, rompu à la tactique parlementaire et versé dans les ruses ministérielles. Mais qu'il y a loin de là à un homme d'état véritable ! Et si, pendant sept mois, les Ministres n'eussent fait que développer cette pauvre habileté , vaudraient-ils la peine qu'on prît leur défense ?

Mais s'élevant à la hauteur des circonstances et à celle de leur mission , ils ont aussitôt compris dans quelle pensée de réconciliation générale ils avaient été appelés au pouvoir ; et leur conduite a été admirablement ordonnée pour atteindre ce but. Prouvons-le.

On peut dire, sans exagération , que la nomination du Ministère produisit en France le même effet que Bossuet nous dit avoir été produit à la cour, par la mort de la duchesse d'Orléans. Ce fut un coup de foudre , que chacun regarda comme le premier d'un orage terrible. Aussitôt les journaux de la majorité poussèrent des cris lamentables et sonnèrent le tocsin pour détourner les nuages gros de tempêtes , et avertir les enfans de la France de se préparer à de mauvais jours,

On disait :

« La nomination de ces hommes est seule une déclaration de
» guerre à tout ce qui est né de la révolution ; et une entreprise
» furieuse contre la Charte, ses principes et ses conséquences.
» Entre les mains de tels Ministres, le pouvoir est une arme ter-
» rible dont nous ne devons attendre que la mort. Eux–mêmes
» ils ne peuvent vivre dans un air libre ; les conditions de leur
» existence sont incompatibles avec les conditions de la nôtre ;
» et s'ils ne cessent d'être, nous–mêmes nous périssons. Mal-
» heureux peuple ! malheureuse France ! »

Et chaque jour était effrayé de sinistres prédictions, annonçant
successivement ou à la fois la révocation de la Charte, la muti-
lation de ses principaux articles, la subversion des lois les plus
importantes, la suppression des droits les plus chers, le retrait
des plus essentielles garanties, et mille autres coups d'état plus
effrayans les uns que les autres.

A ces prédictions si variées dans leur forme, mais toutes sug-
gérées par la pensée une et invariable qu'avec l'existence de
la Charte était incompatible l'existence du Ministère, que répondit celui-ci ? Ce qu'il devait répondre : il vécut et laissa
vivre la Charte ; comme autrefois, dans Athènes, on vit un
philosophe se mettre à marcher, pour toute réponse au sophiste
qui niait le mouvement.

Il était passé en habitude de se représenter le parti qui avait
fourni le Ministère, comme travaillant infatigablement depuis
quinze ans à surprendre le pouvoir, pour s'en servir à traiter la
France en pays conquis. Arrivés à ce pouvoir, les Ministres
ne le firent servir qu'à continuer le gouvernement de leurs
nombreux prédécesseurs. Ils semblèrent dire à la France :
« Rien n'est changé ; ce n'est qu'un Ministère de plus à joindre à
la liste de ceux que vous avez déjà. »

Or, qui ne sait que l'homme est naturellement disposé à passer
d'une espérance folle à des craintes chimériques, et de même à
revenir d'une défiance exagérée à une confiance absolue ? Un
seul défaut remarqué soudain dans un visage qui nous avait sé-
duits, ou dans un caractère que nous avions admiré, suffit souvent pour nous rendre à l'indifférence, ou nous inspirer le mé-

pris. Au contraire, quand on ne retrouve pas tout le mal qu'on s'était imaginé et qu'on est forcé de renoncer à d'anciennes préventions, l'imagination se surprend soudain à se bercer de rêves opposés, comme pour se dédommager ; et par honte de soi-même, on absout avec une faveur irréfléchie ce qu'on avait condamné sans réflexion. De même des nations, et peut-être des Français, plus que d'aucun autre peuple.

Donc, fondée sur la double connaissance de l'esprit humain et du caractère national, la conduite du Ministère a été tout ce qu'elle pouvait et devait être ; une conduite profondément sage, un premier pas et une préparation nécessaire à la grande réconciliation. Et quoi que puissent dire ceux qui se laissent prendre à de simples apparences, il est certain qu'elle a eu de grands et d'importans résultats. A partir de ce jour, le fantôme de la contre-révolution a perdu ses épouvantemens. Le Ministère n'eût-il produit que ce résultat unique, il mériterait encore la reconnaissance générale. Il aura du moins passé en faisant du bien.

CHAPITRE VII.

Examen du discours d'ouverture aux Chambres.
Vices des reproches qu'on lui a faits.

Au 2 mars, le Ministère fit le discours d'ouverture aux Chambres. A dire vrai, ce fut son premier acte, celui par lequel il sortit de son repos. Cet acte ne fut pas heureux, à en juger par la violence des attaques auxquelles il fut en butte. Mais les méritait-il? C'est ce qu'il s'agit d'examiner.

Avant tout, rappelons les passages de ce discours qui furent attaqués, et qui étaient tous renfermés dans les deux derniers paragraphes que voici :

« Messieurs, mon premier besoin est de voir la France, heureuse » et respectée, développer toutes les richesses de son sol et de » son industrie, et jouir en paix des institutions dont j'ai la ferme » volonté de consolider le bienfait. *La Charte a placé les libertés* » *publiques sous la sauvegarde des droits de ma couronne :* » *ces droits sont sacrés; mon devoir envers mon peuple est de* » *les transmettre intacts à mes successeurs.*

» Pairs de France, Députés des départemens, je ne doute pas » de votre concours pour opérer le bien que je veux faire; vous » repousserez les perfides insinuations que la malveillance cher- » che à propager. *Si de coupables manœuvres suscitaient à mon* » *gouvernement des obstacles que je ne peux pas, que je ne veux* » *pas prévoir, je trouverais la force de les surmonter dans ma ré-* » *solution de maintenir la paix publique, dans la juste confiance* » *des Français et dans l'amour qu'ils ont toujours montré pour* » *leurs Rois.* »

Ces paragraphes ne furent pas eux-mêmes attaqués dans leur

entier, c'est pourquoi nous avons indiqué par des caractères *italiques* les passages accusés.

A leur tour, ces passages ne furent pas attaqués d'une manière absolue ; mais on reconnut généralement qu'examinés en eux-mêmes, ils n'exprimaient que des pensées vraies. Car d'un côté, le premier de ces passages ne fait que traduire une phrase du préambule de la Charte que nous avons déjà eu occasion de citer, et se borne à rappeler cette vérité que nous avons prouvée et qui est adoptée par tous les gens sages, qu'*en France, le maintien et l'affermissement de la liberté garantie par la Charte sont nécessairement liés au maintien et à l'affermissement de la Royauté, telle que cette même Charte la reconnaît*. Et d'un autre côté, comment blâmer un Roi, même constitutionnel, qui, dans la crainte de quelques grands dangers, prendrait l'engagement solennel de travailler de toutes ses forces à les éloigner, et se croyant sûr de la confiance entière de son peuple et de son parfait amour, lui promettrait un semblable dévouement ? Ainsi tous les libéraux, sans exception, auraient applaudi le Souverain qui aurait fait entendre de telles paroles, par exemple, aux Députés de 1815.

Aussi, dans la crainte de se mettre en contradiction avec eux-mêmes, les libéraux de bon sens ont-ils seulement prétendu que ces paragraphes étaient coupables, en raison des circonstances dans lesquelles ils étaient prononcés, ou des choses auxquelles ils se rapportaient. Tel un acte indifférent en soi, qui devient criminel par l'intention ; et une parole innocente qui est accusée à cause de l'idée qu'on lui attache.

Dans cet esprit, et autant que nous avons pu le distinguer parmi les flots de diatribes dont on a inondé le discours de la couronne, ils lui ont fait six reproches principaux que nous allons d'abord exposer, et que nous discuterons ensuite avec la même impartialité, mais aussi avec la même sévérité que nous avons apportée dans la discussion des argumens employés en faveur du Ministère.

§ 1. *Reproches faits au discours de la couronne.*

Premier Reproche. Rappeler qu'on est obligé de faire respecter

tion de les violer. Ce quèlqu'un ne peut être que le peuple ou les Chambres.

Or, quel peuple fut jamais plus ami de l'ordre, plus convaincu de la nécessité de respecter tous les droits et plus disposé à le faire? Quelles Chambres furent jamais plus éloignées de tout esprit d'envahissement de pouvoir; et la Chambre des Députés en particulier n'a-t-elle pas respecté scrupuleusement et peut-être à l'excès tout ce qu'on décorait du nom de prérogative royale?

Donc, la supposition ministérielle est injurieuse au plus haut point, calomnie auprès du Roi la France et ses représentans, et les traduit ignominieusement, sous le poids d'une accusation inique, au tribunal de l'Europe.

Second Reproche. La phrase, objet du premier reproche, renferme une allusion frappante aux violentes critiques qui ont été faites du Ministère et prouve que les Ministres voient et veulent faire voir dans ces attaques contre eux-mêmes des attaques directes contre les droits de la couronne.

Or, 1° il est inconstitutionnel de la part des Ministres de mettre sans cesse le Monarque en avant et de couvrir sans cesse du manteau royal leurs guenilles ministérielles : 2° se plaindre qu'un droit ait été mal exercé, ce n'est pas méconnaître ce droit; s'écrier que si le Roi le savait, il ferait tomber son choix sur d'autres hommes, ce n'est pas méconnaître le droit de faire ce choix; et comment la prière adressée au Roi d'exercer de nouveau sa prérogative pourrait-elle se transformer en attentat contre cette même prérogative?

Donc, les Ministres ont dénaturé les choses et oublié chez quel peuple et dans quel siècle ils vivent.

Troisième Reproche. Cette même phrase renferme une autre allusion à la marche du précédent Ministère, que les hommes, amis du Ministère actuel, ne cessaient de représenter comme aliénant chaque jour les droits de la couronne et de concession en concession tendant à la dépouiller.

Or, chacune de ces prétendues concessions n'était qu'une conséquence naturelle de la Charte, un développement nécessaire du système constitutionnel et un pas vers l'amélioration que promet le règne de la liberté.

Donc, en annonçant une autre marche, les Ministres ont déclaré qu'ils ne veulent aucune de ces améliorations, aucun de ces développemens, aucune de ces conséquences. Et pourtant qu'est-ce que la Charte, sans ses conséquences? une lettre morte, un vain papier qu'il vaudrait autant déchirer. Tendance secrète du Ministère.

QUATRIÈME REPROCHE. Les obstacles au gouvernement des Ministres ne peuvent être suscités que par le peuple ou les Chambres. Donc supposer qu'ils veulent le faire par de coupables manœuvres, c'est encore les injurier, les calomnier, les accuser injustement à la face de l'Europe.

CINQUIÈME REPROCHE. Il est hors de doute que, par ces obstacles suscités au gouvernement et par ces coupables manœuvres, les Ministres n'aient voulu désigner le refus du budget et tout ce qui tendrait à le faire refuser.

Or, comment peut-on devenir coupable en faisant ce qu'on a le droit de faire ou en conseillant aux autres d'user de leur droit? Et puisque la Charte reconnaît qu'*aucun impôt ne peut être établi, s'il n'a été consenti par les Chambres*, comment ne pas reconnaître, sans tomber dans l'absurde, qu'elles ont le droit de ne pas le consentir?

Donc, etc.

SIXIÈME REPROCHE. Que signifient enfin et cette fastueuse déclaration de surmonter seul tous les obstacles, et cette promesse d'une force inébranlable, et cette annonce d'intentions irrévocablement arrêtées, et cet appel à la juste confiance du peuple et à son amour pour ses Rois? N'est-ce pas là déclarer que l'on gouvernera seul, sans les Chambres, c'est-à-dire, monter à cheval et nous menacer de se faire dictateur? Ainsi les Ministres donnent leur dernier mot et trahissent leur intime pensée d'absolutisme.

Donc, aux yeux des libéraux, les Ministres, dans le discours d'ouverture, 1° se sont rendus coupables d'injures graves envers la France et les représentans qu'ils ont calomniés; 2° se sont déclarés hostiles à la Charte, dont ils ont nié les conséquences les plus évidentes en accusant les lois présentées par les derniers Ministres; 3° se sont déclarés ennemis du gouvernement représentatif, dont ils ont sapé les bases en méconnaissant les droits sans lesquels il ne peut exister, savoir, le contrôle de la personne des Ministres et le refus du budget; 4° enfin se sont encore déclarés ennemis du même gouvernement, dont ils ont méconnu l'essence en parlant de dictature et d'omnipotence royale.

Ces reproches sont graves sans doute, et s'ils étaient fondés, ce n'est certes pas nous, avec notre amour et notre besoin de liberté constitutionnelle, qui consentirions à défendre ceux qui les auraient mérités. Mais, loin qu'il en soit ainsi, tous ces reproches s'appuient ou sur de faux principes ou sur des faits erronés. Suivent les preuves de ce que nous avançons.

§ 2. *Vice du premier et du quatrième reproche.*

Rappelons un seul fait bien connu. N'est-il pas vrai que ceux d'entre les libéraux qui paraissent avoir le privilége de la franchise et qui s'en font gloire, ne cessent de répéter que, depuis le 8 août, les questions de personnes et de dynastie sont agitées avec plus de passion que jamais, et que la Royauté semble réservée à de mauvais jours? Donc, quand la Royauté prend ces libéraux au mot, et parle comme eux des attaques qu'on médite contre elle, des coupables manœuvres ourdies contre ses droits, et des dangers qu'elle ne peut pas, qu'elle ne veut pas prévoir, ils ont mauvaise grâce à se plaindre et à s'écrier qu'on injurie la France, qu'on la calomnie. C'est se mettre en contradiction avec soi-même.

Avouons-le, ces messieurs du peuple sont parfois un peu difficiles. Ne les écoute-t-on pas, comme au 8 août? ils s'écrient que l'on ne fait aucun cas de l'opinion publique, et annoncent l'heure de la vengeance. Les écoute-t-on au contraire pour répéter leurs paroles, comme au 2 mars? ils s'écrient alors que l'on débite des mensonges et annoncent encore l'heure de la vengeance. Avant de prétendre à conduire les autres, ne pourraient-ils pas apprendre à se conduire eux-mêmes? Et s'ils veulent régenter les Ministres, ne pourraient-ils pas le faire autrement qu'en niant les faits plus clairs que le jour?

§ 3. *Vice du second reproche.*

La fausseté de ce reproche est plus difficile à démêler que

celle du précédent. C'est pourquoi nous allons le discuter avec plus de soin. Nous voudrions d'ailleurs que la question qu'il soulève fût tellement éclaircie qu'elle ne fût plus sujette à erreur.

Selon les auteurs de ce reproche, dans tout ce qui a été dit depuis le 8 août, il n'y a pas eu un seul mot contre le Roi, ni contre ses droits ; et les Ministres ont été constamment seuls attaqués. De sorte qu'en s upposant le contraire, ils se sont gravement rendus coupables.

Voyons donc s'ils ont raison. Et pour ne pas marcher au hasard, rappelons d'abord quelques vérités incontestables, sur lesquelles tout le monde soit d'accord.

1° Toutes les fois que le Roi nomme des Ministres, il use du droit que lui reconnaît l'article 14 de la Charte : *Le Roi nomme à tous les emplois d'administration publique.* En vertu de ce droit, il leur délègue la puissance exécutive, qui n'appartient qu'à lui seul, d'après l'article 13 : *Au Roi seul appartient la puissance exécutive.* De sorte que les Ministres, quels qu'ils soient, ont tous les droits inhérens à cette puissance, outre les droits que leur reconnaît l'article 54 : *Les Ministres ont leur entrée dans l'une ou l'autre Chambre, et doivent être entendus quand ils le demandent.*

2° Les Ministres choisis par le Roi sont du goût de la majorité des Chambres, ou n'en sont pas. S'ils sont approuvés par cette majorité, généralement tout va pour le mieux ; mais s'ils ne le sont pas (et telle est notre position), voici ce qui peut arriver.

3° La majorité dont l'opinion est froissée par le choix des Ministres peut agir de deux manières.

En suivant la première, elle témoigne son mécontentement par les paroles de ses orateurs et les ouvrages de ses écrivains ; elle s'efforce de persuader au Roi que son intérêt, qui est celui de la patrie, exige un autre choix ; elle se montre ombrageuse et défiante à l'excès envers les Ministres ; elle surveille tous leurs actes avec le désir de les trouver blâmables, ardente à les accuser pour la plus légère faute ; elle étudie tous leurs plans avec l'espérance de les trouver condamnables, prompte à en faire craindre les résultats ; elle examine toutes leurs propositions avec l'intention de les trouver mauvaises ; et pour peu qu'elles soient défectueuses, hasardées ou équivoques, elle les rejette impitoyablement, refusant tout ce dont peut abuser une volonté douteuse, ou n'accordant rien de ce qui exige la confiance la plus légère. Et cependant elle respecte tous leurs droits, ne cessant jamais de voir en eux les délégués du Monarque, les écoute avec calme, pèse leurs raisons avec une attention sévère, et ne leur refuse rien de ce qu'ils demandent au nom de la justice et de l'intérêt général.

En suivant la seconde manière, la majorité se laisse dominer par des idées de représailles, commande en quelque sorte au Roi de renvoyer les Ministres, nourrit contre eux des projets de vengeance, ne daigne pas examiner leurs actes, leurs plans, ni leurs propositions ; mais les condamne sans les connaître, et les rejette sans les avoir discutées ; ne veut pas les entendre euxmêmes, ni peser leurs raisons, oublieuse du droit qu'ils ont à toutes ces choses ; et refuse de leur accorder ce qui est nécessaire et impérieusement exigé pour le salut de l'État.

4° Si ces deux manières sont au pouvoir de la majorité des Chambres, elles ne sont pas toutes deux dans son droit. Car autant la première est juste et autorisée par la Charte, autant la seconde lui est contraire, comme nous l'avons déjà établi. En suivant la première, la majorité use de ses droits, sans blesser ceux de qui que ce soit. En suivant la seconde, elle use des mêmes droits et viole ceux d'autrui.

Ces principes, nous le croyons du moins, ont l'approbation générale. En voici maintenant la conclusion.

Si les libéraux ont unanimement conseillé à la majorité des Chambres de suivre la première manière, les Ministres ont eu tort d'insinuer qu'on voulait porter atteinte aux droits de la couronne, et sont en effet coupables d'inconstitutionnalité ; mais ils en sont innocens, et n'ont dit que ce qu'ils devaient dire, si l'on a conseillé à la majorité de suivre la seconde manière. Ainsi tout se réduit à une question de fait, et pour la décider, on n'a besoin que de se rappeler ce qu'on a écrit depuis le 8 août. C'est une affaire de mémoire ou de révision de journaux.

Or, sans aller bien loin, nous lisons dans l'un des journaux du

partî que l'honneur d'une Chambre des Députés exige qu'elle
ne soit pas mise en rapport avec tel ou tel Ministre ; qu'elle
se lève en masse et sorte de la salle des séances, aussitôt qu'il
ose y pénétrer, comme jadis les Sénateurs romains abandon-
nèrent le banc où vint s'asseoir Catilina ; qu'elle évite son contact,
comme on évite celui d'un pestiféré, et qu'elle refuse d'avoir
quelque communication que ce soit avec lui, et avec aucun des
siens. Nous entendons rappeler qu'un jour un homme perdu de
réputation ayant proposé dans l'assemblée du peuple, à Sparte,
un excellent projet de loi, tous d'un commun accord refu-
sèrent de le discuter, par cela seul qu'il venait de cet homme,
et attendirent qu'il fût proposé par un meilleur citoyen. Après
quoi, nous entendons ajouter que la Chambre des Députés doit
être Spartiate sur ce point et refuser jusqu'aux présens de l'ennemi.
Timeo Danaos et dona ferentes.

Nous entendons et lisons bien d'autres choses encore ; mais celles-
ci suffisent, et suffiront aussi à tous les Électeurs sans partialité.
Car ils verront par-là que les libéraux ne se sont pas toujours
bornés, comme ils le supposent dans le second reproche, à con-
trôler sévèrement la personne des Ministres ; ou à se plaindre du
mauvais usage qui avait été fait d'un droit incontestable ; ou à
jeter un cri d'alarme pour avertir le Roi de l'erreur dans laquelle
il avait été entraîné ; ou à lui adresser une humble prière pour en
obtenir un nouveau choix et un meilleur exercice de sa prérogative. Mais ils verront qu'ils ont aussi conseillé aux Députés une
véritable violation des droits qui appartiennent aux Ministres,
comme délégués du pouvoir exécutif, comme hommes choisis
par le Roi ; et conséquemment qu'ils se sont rendus coupables d'une
attaque véritable contre les droits du Roi lui-même.

Quand donc les libéraux se sont livrés à de tels excès, de quel
droit reprochent-ils aux Ministres d'avoir fait allusion à ces excès
dans le discours de la couronne ? C'est interdire la plainte à celui
qu'on a blessé. Est-ce là de la liberté ?

Nous ne voulons pas nier toutefois que ce second reproche des
libéraux ne soit très-spécieux. Mais cette force apparente vient de
ce qu'on y prête aux Ministres toutes les sottises que débitent ceux
qui se disent leurs amis, et qu'on y suppose que les paroles du

discours font allusion aux attaques contre les Ministres , tandis qu'elles le font aux attaques contre les droits du Roi , qui ont été réellement attaqués. S'il s'agissait de leurs adversaires , les libéraux diraient que c'est là *du jésuitisme* ou *de l'escobarderie*. Quel nom fraudra-t-il donner à une telle conduite , quand il s'agit d'eux ?

§ 4. *Vice du troisième reproche.*

Que les paroles attaquées renferment une allusion aux lois proposées par l'ancien Ministère , c'est ce qui est au moins douteux. Ainsi nous sommes dispensés de nous y arrêter. Car p our une hypothèse , il suffit d'un mot : c'est une hypothèse.

Mais remarquons pourtant qu'il est curieux d'entendre aujourd'hui les mêmes libéraux qui présentaient naguères la loi Portalis sur la presse , comme une seconde édition de la loi *d'amour ;* qui accusaient d'insuffisance la loi électorale ; et qui condamnaient la loi municipale , comme exclusivement combinée dans l'intérêt du pouvoir et de l'aristocratie ; d'entendre ces mêmes hommes , disons-nous , vanter aujourd'hui les mêmes lois , comme des conséquences de la Charte et de beaux développemens du gouvernement constitutionnel.

Ainsi de quelque côté qu'on se tourne , c'est toujours la même versatilité d'opinions constamment subordonnées à nos intérêts. *Varium et mutabile semper.*

§ 5. *Vice du cinquième reproche.*

Ici , disons-le promptement , la supposition que font les libéraux est vraie. Oui , par ces obstacles qu'ils ne veulent pas, qu'ils ne peuvent pas prévoir , les Ministres veulent désigner le refus du budget par la Chambre des Députés. Cette Chambre a-t-elle le droit de faire un tel refus ? telle est donc toute la question. Les Ministres disent non ; leurs ennemis disent oui : que diront les amis de la vérité ?

Cette question , difficile peut-être en elle-même , l'est devenue surtout par les argumens qu'ont suggérés, pour ou contre elle tous les intérêts , toutes les passions du jour , et par les préjugés qu'ils ont fait pénétrer dans tous les esprits. Nous croyons nous en être préservés. Puissent ceux qui nous liront en juger de même ; et tous les Électeurs répondre comme nous aux trois demandes qui suivent et qui nous semblent renfermer toute la question. Les voici :

1° Le droit de refuser le budget est-il accordé à la Chambre des Députés par la raison ?

2° Ce droit lui est-il accordé par la Charte ?

3° Lui refuser ce droit, est-ce la dépouiller de sa plus belle prérogative ?

Non, répondons-nous, et nous prouvons notre réponse.

PREMIÈRE DEMANDE. *Le droit de refuser le budget est-il accordé à la Chambre des Députés par la raison ?*

RÉPONSE. Les droits de la Chambre des Députés découlent nécessairement et exclusivement de ses devoirs. Ils sont comme tous les autres droits. Ainsi chaque homme a le droit de se défendre contre qui que ce soit, parce qu'il est soumis au droit de se conserver ; et les nations n'ont le droit de faire la guerre que parce qu'elles sont également soumises au devoir de travailler à leur salut et à leur bien-être.

A leur tour, les devoirs de la Chambre des Députés découlent nécessairement et exclusivement de sa nature : ils sont encore comme tous les autres devoirs. Ainsi l'homme est obligé d'éclairer son intelligence et de subjuguer ses passions ou de conserver l'empire de soi, parce qu'il est de sa nature intelligent et libre.

Enfin, la nature de la Chambre des Députés est indiquée par la Charte qui l'a créée, et selon laquelle elle est, 1° troisième personne du législateur, comme exerçant en tiers la puissance législative avec la Chambre des Pairs et le Roi ; 2° protecteur de tous les droits, comme accusateur unique et général des Ministres.

Comme portion du législateur, la Chambre des Députés est soumise à tous les devoirs imposés au législateur lui-même ; c'est-à-dire qu'elle est obligée, 1° de rechercher scrupuleusement, dans chaque circonstance, quelles sont les choses justes et utiles à l'État ; 2° d'adopter toutes les mesures qu'elle croit avoir ce double caractère ; 3° de rejeter toutes celles qui lui paraissent avoir un caractère opposé. D'où naît son droit de demander des renseignemens aux Ministres, celui d'enquête, celui d'amendement, celui de recevoir certaines pétitions , celui de discussion libre , et enfin celui de vote indépendant.

Comme accusateur unique et général des Ministres , la Chambre des Députés est obligée d'avoir toujours l'œil ouvert sur la conduite de ces Ministres et sur celle de leurs agens ; de rechercher attentivement s'ils ne s'éloignent pas de la loi dont ils sont les exécuteurs, soit en faisant ce qu'elle défend, soit en ne faisant pas ce qu'elle commande ; d'accueillir toutes les plaintes ; d'interroger tous les indices ; en un mot, d'être pour les crimes et délits politiques ce que sont les procureurs du Roi pour les crimes et délits civils. D'où son droit d'investigation et d'enquête aussi loin qu'il peut s'étendre.

Donc, 1° la Chambre des Députés à un double rôle à remplir ; savoir : celui de voter les lois justes et utiles ; c'est une question toute de choses : et celui de poursuivre les plus petites violations de la loi ; c'est une question toute de personnes : 2° dans ces deux cas, les droits de la Chambre ont la même étendue que ses devoirs, dont ils sont la conséquence immédiate ; mais par réciprocité, ne s'étendent pas plus loin qu'eux. Car où cesse le devoir, là aussi s'arrête le droit.

Ceci posé , et le budget étant la réunion de deux lois, dont l'une statue sur les dépenses nécessaires à la conservation de l'État et à son bien-être, et l'autre, sur les impôts nécessaires pour l'acquittement de ces dépenses, on voit que la demande *si la raison accorde à la Chambre des Députés le droit de refuser le budget*, se décompose elle-même en trois autres ; savoir : 1° Existe-t-il des choses indispensablement exigées pour la conservation de l'état et son bien-être ? 2° L'établissement de certains impôts est-il indispensablement exigé pour faire face aux dépenses exigées par ces différentes choses ? 3" Le droit de refuser ce qui est indispensable pour la conservation et le bien-être de l'État se trouve-t-il compris parmi les droits que la raison accorde à la Chambre des Députés ?

Mais faire ces demandes, n'est-ce pas en donner la réponse ? Car qui ne rougirait pas de répondre négativement aux deux premières ? Et ne faudrait-il pas aborder avec de l'ellébore, plutôt qu'avec des syllogismes, celui qui serait dans une telle illusion sur les prérogatives de la Chambre des Députés, qu'il lui crût le droit de nous laisser périr?

L'homme, qui se fait la plus haute idée de nos Députés, ne peut cependant voir en eux que les représentans de la nation. Quelque magnifique idée qu'il se fasse ensuite de la nation, ou quelque étendus que soient les droits qu'il lui attribue, sans excepter celui d'absolue souveraineté, même alors il ne peut s'empêcher de la reconnaître obligée à se conserver, à se perfectionner et à employer tous les moyens sans lesquels ne pourrait avoir lieu, ni cette conservation, ni ce perfectionnement. Enfin, quelque séduisante utopie qu'il imagine et à quelque bon marché qu'il rêve les gouvernemens descendus, toujours est-il qu'ils coûteront encore quelque chose ; que nulle nation ne pourra jamais être conservée, défendue ni améliorée gratuitement ; et que toujours l'État devra payer un impôt au Souverain. Comment donc cet État ou cette nation pourrait-elle jamais avoir le droit de refuser l'impôt ; c'est-à-dire avoir le droit de ne pas faire ce qu'elle doit faire? Inconséquence choquante, à laquelle les mots eux-mêmes refusent de se prêter ! Et si la nation ne l'a pas, comment ses représentans l'auraient-ils ?

En d'autres termes, tout ce qui vit tend à se conserver et à se perfectionner. L'homme n'y tend pas seulement par esprit de vie et par instinct ; il y tend encore par devoir. Et puisque ce qui est vrai de l'homme individu, l'est encore des collections d'hommes, appelés peuples, comment voudrait-on accorder à un peuple le droit de s'anéantir en opposition avec le devoir de se conserver, et ériger en principe le suicide social ?

Ainsi la raison refuse d'abord à la Chambre des Députés le droit de rejeter le budget.

SECONDE DEMANDE. *Le droit de refuser le budget est-il accordé à la Chambre des Députés par la Charte?*

RÉPONSE. S'il en était ainsi, nous ne craindrions pas de dire que l'article de la Charte, qui renfermerait cette étrange concession, serait aussitôt cassé de par la raison éternelle et la nature des choses, dont les lois sans doute méritent d'être écoutées un peu mieux que les ordonnances de par les Rois et de par les peuples. Mais il n'en est rien.

Ceux qui veulent que la Charte soit coupable d'un tel blasphème, raisonnent ainsi :

« Selon la Charte, article 48, *aucun impôt ne peut être établi,* » *ni prévu, s'il n'a été consenti par les deux Chambres et sanc-* »*tionné par le Roi.* Donc la Chambre des Députés a le droit » de refuser tout impôt. »

Mais si ce raisonnement était bon, celui-ci le serait aussi : Aucun homme soupçonné de crime ne peut être arrêté, si l'ordre n'en a été donné par le Magistrat ; donc le Magistrat a le droit d'accorder la liberté à tout le monde. Et cet autre aussi : Aucun malfaiteur ne peut être puni, s'il n'a été condamné par le juge ; donc le juge a le droit d'absoudre tout le monde. Et ce troisième : Aucun Français ne peut être juge, s'il n'a été nommé par le Roi; donc le Roi peut refuser de nommer des juges. Et mille autres raisonnemens pareils. Or, qui ne rougirait pas de leur donner son assentiment ? et comment celui qui les désapprouve pourrait-il en approuver d'autres absolument semblables ?

Si ce raisonnement était bon, il faudrait dire aussi que la Chambre des Députés a le droit d'annuler les articles 7, 23, 69 et 70 de la Charte constitutionnelle. Car, sans impôt, comment donner *des traitemens aux Ministres de la religion catholique, apostolique et romaine, et à ceux des autres cultes chrétiens ?* (article 7.) Sans impôt, comment payer *la liste civile, fixée pour toute la durée du règne, par la première législature assemblée depuis l'avénement du Roi ?* (article 23.) Sans impôt, comment conserver *leurs pensions aux veuves, officiers et soldats pensionnés ?* (article 69.) Sans impôt enfin, comment acquitter *la dette publique et ne pas violer les engagemens pris par l'État avec ses créanciers ?* (article 70.) De sorte que ces articles seraient vraiment confisqués au profit de l'article 48. Or, à moins de regarder la Charte comme un chef-d'œuvre de désordre, comment supposer qu'elle renferme d'aussi choquantes contradictions.

Faut-il le dire ? Si un écolier de philosophie avait fait ce raisonnement avant la révolution, son professeur l'aurait fait fouetter peut-être pour le punir de s'être laissé tomber dans le sophisme, appelé alors, Ignorance de la question, *Ignoratio elenchi.*

En effet, pour que la conclusion, *donc la Chambre des Dé-*

putés a le *droit de refuser tout impôt*, soit vraie, il faut qu'on suppose la vérité des deux prémisses :

La Chambre est appelée à prononcer sur la nécessité de l'impôt en général;

Or, celui qui est appelé à prononcer sur la nécessité de l'impôt en général a le droit de prononcer contre :

D'où suivrait en effet très-légitimement la conclusion :

Donc la Chambre a le droit de prononcer contre tout impôt, ou de refuser le budget.

Mais qui peut dire que la véritable question soit celle qui est posée dans la majeure? personne sans doute; du moins parmi ceux qui réfléchissent. Car la nécessité de l'impôt en général est une question résolue du premier jour qu'il y eut une société : et il est absurde de supposer que la Charte veuille qu'elle soit discutée chaque année. Bien plus, le texte même de la Charte la suppose résolue dans les articles que nous venons de citer, puisqu'elle y spécifie des dépenses indispensables et qu'un impôt quelconque est indispensable pour faire face aux dépenses.

Ainsi, pour nous servir d'une comparaison qui rende la chose sensible, l'État représenté par les Chambres est vis-à-vis du Souverain comme un débiteur vis-à-vis de son créancier, qui lui dirait :

« Vous me devez; c'est incontestable. Combien ? je l'ignore.
» Cependant voici mon bordereau. Mais, par esprit de justice, je
» vous le soumets et je n'exigerai de vous que ce que vous croirez me devoir en conscience, et aux époques et de la manière
» que vous-même fixerez. »

Fort de cet arrangement, croit-on que le débiteur serait bien reçu à dire : « On m'accorde le droit de fixer ce que je dois et les époques auxquelles je devrai payer : donc j'ai le droit de ne fixer aucune époque, et de ne rien payer.» Sans doute vous vous indigneriez d'une telle mauvaise foi ; vous ririez d'un pareil raisonnement. Mais pourtant prenez-y garde : car c'est exactement l'histoire des *refuseurs de budget. Mutato nomine, de te fabula narratur.*

Nous savons que les libéraux vont citer le nom de mille et un royalistes qui ont fait le même raisonnement qu'eux pendant de longues années, et qui ont déposé constamment, à chaque session, une boule noire contre le budget. Nous ne le nions pas. Mais qu'en conclure contre la doctrine ? car elle est indépendante des hommes ; et je ne sache pas qu'une chose soit vraie, parce qu'elle est défendue par M. Labourdonnaye, ou fausse parce que M. Benjamin Constant l'attaque. Les argumens *ad hominem* sont excellens quand il s'agit de faire triompher un parti d'un autre, ou de faire gagner la victoire à un homme contre un autre homme. Mais la question qui nous occupe est trop grave pour qu'on la la laisse dégénérer en une question de personnes. Qu'elle reste donc à jamais doctrinale ; et qu'il soit reconnu de tout le monde que le droit de refuser le budget n'est pas plus accordé à la Chambre des Députés par la Charte que par la raison.

Troisième Demande. *Refuser à la Chambre des Députés le droit de rejeter le budget, n'est-ce pas la dépouiller de sa plus belle prérogative ?*

Réponse. Il est vrai qu'au premier abord, le droit de refuser le budget paraît avoir des conséquences immenses : et c'est dans ce sens et avec cette pensée secrète ou avouée, qu'il a été défendu et attaqué par les libéraux et les royalistes.

Avec ce droit de refuser le budget ou de ne le voter qu'à certaines conditions, ont dit ceux-ci, où n'ira-t-on pas ? Aujourd'hui l'on exige le renvoi de Ministres dont on se défie. Mais demain l'on exigera la nomination de ceux en qui l'on aura le plus de confiance, et successivement celle des directeurs-généraux, des préfets, des sous-préfets, des maires, des adjoints, des gardes-champêtres, etc. : en un mot, l'on désignera nominativement tous ceux que l'on voudra pour remplir tous les emplois de l'administration publique. De sorte que la puissance exécutive tombera tout entière dans le domaine de la Chambre des Députés. Aujourd'hui l'on exige le renvoi de Ministres dont les vues de politique extérieure inspirent de la défiance. Mais demain l'on exigera que, dans cette politique extérieure, on suive telle marche déterminée ; qu'on se détache de telle nation ; qu'on se rapproche de telle autre ; qu'on fasse telle déclaration de guerre, tel traité de paix, d'alliance ou de commerce : de sorte que les députés se trouvent encore être les vrais plénipotentiaires

chargés de traiter avec toutes les puissances étrangères. Aujour-
d'hui enfin , l'on exige le renvoi de Ministres dont on n'attend
que de mauvaises propositions de lois. Mais demain l'on exigera
que l'on propose et sanctionne telle loi déterminée , renfermant
telle disposition , émanant de tels principes et devant avoir telle
conséquence : de sorte que l'initiative , la sanction et toute la
puissance législative soient encore envahies par la Chambre des
Députés.

Voilà du moins ce que n'ont pas cessé de répéter tous les
royalistes effrayés de voir la monarchie dégénérer en une inévitable démocratie , depuis le jour où l'on a prononcé les mots
de refus du budget. Et cependant , après s'être contenté quelque
temps de rire sous cape et avoir même démenti faiblement quelques-unes de ces conséquences comme exagérées , les libéraux
ont fini par les avouer toutes et par laisser éclater leur joie.

Sans doute , si ces conséquences étaient légitimes , elles suffiraient seules pour faire condamner le principe qui les engendre.
Car en dépit de tous les sophismes, la Chambre des Députés n'est
que le tiers du pouvoir législatif, et le surveillant du pouvoir
exécutif, qu'il est de son devoir d'accuser quand il est coupable.
C'est là son essence, c'est de là que découlent tous ses droits ; et
quoique l'on passe pour les amplifier, on ne parviendra jamais
à les changer en un droit de s'arroger tous les pouvoirs. C'est
la fable de la grenouille qui veut devenir aussi grosse que le bœuf.

Mais nous dirons aux royalistes et aux libéraux de modérer
leur douleur ou leur joie , parce que rien de tel n'est à craindre
ou à espérer du refus du budget.

Mettons en effet les choses au pire. Supposons que la Chambre des Députés s'obstine à ne pas voter le budget, si l'on ne
renvoie les Ministres; supposons même qu'elle désigne au Roi
ceux qu'elle veut, et que ce soit MM. La Fayette, l'Abbey de
Pompierre, etc. ; supposons enfin que le Roi cède au vœu de
la majorité , et que ces honorables Députés siègent au banc des
Ministres. Alors le budget sera voté, et la Chambre n'hésitera
pas à confier les millions des contribuables à des mains aussi
dignes. Mais les millions confiés , le budget voté, qui em-

pêchera le Roi de renvoyer ses nouveaux Ministres et de rappeler les anciens?

Ainsi, en dépit de la condition mise par la Chambre à son
vote, cette condition se trouvera nulle, et malgré toute sa
répugnance à voir l'énorme milliard à la disposition d'hommes en
qui elle ne se confie pas, elle sera forcé de l'y voir. Et ce qui
peut arriver une fois pouvant arriver toujours, que deviennent
les prédictions brillantes et sinistres?

Nous sommes loin de croire qu'une telle conduite fût digne du
Roi et de la France ; mais nous sommes aussi éloignés de croire
qu'il soit digne des Députés de la France de vouloir s'emparer
par ruse et par des manœuvres coupables, d'un pouvoir que la
Constitution leur a refusé. S'ils le faisaient, ils seraient seuls coupables, parce qu'ils auraient donné les premiers le plus mauvais
de tous les exemples qui puissent être donnés.

Mais en faisant cette supposition, nous avons seulement voulu
rendre sensible aux intelligences les plus bornées, que le vote
du budget ne peut être conditionnel de la part des Députés,
parce qu'ils n'ont aucun moyen de stipuler les conditions et
surtout aucune force pour les faire exécuter; que ce vote est une
question toute de choses, parce qu'il est impossible de savoir à quelles
personnes en sera confiée l'exécution ; que s'ils s'obstinaient enfin
à ne le faire que sous condition, outre qu'ils dépasseraient leurs
droits en violant leurs devoirs, ils s'exposeraient au ridicule : car
il est toujours ridicule pour un homme ou pour un corps quelconque de dire *nous voulons*, quand il est obligé de se soumettre
à ce que veulent les autres.

Ainsi les Ministres, en insinuant dans le discours de la couronne que le refus du budget était un de ces obstacles qu'on ne
devait pas prévoir, puisqu'il supposait de la part des Députés
l'oubli de leurs devoirs, n'ont fait qu'insinuer une incontestable
vérité. Et comme ce refus du budget est cependant le mot d'ordre
de leurs ennemis, ils avaient le droit d'en parler. De sorte que
sur ce point, comme sur les quatre autres, leur conduite est
encore justifiée.

§ 6. *Vice du sixième reproche.*

Don Quichotte croyait voir partout des géants, des enchan-
teurs, de belles princesses captives et tout le magique attirail de
la chevalerie errante. Ainsi nos libéraux voient partout des
étendards arborés contre la liberté, des gentilshommes insurgés
contre les vilains, et des prêtres et des Rois formant une ligue
impie contre les peuples ; partout ils voient des préparatifs de
guerre ; et jusque dans les paroles les plus pacifiques en apparence, ils savent entendre le terrible cri des combats.

Il est vrai que leurs adversaires ne leur cèdent guère en ce
point ou que les royalistes ne sont pas moins ingénieux qu'eux à voir
partout des frères et amis, des clubs, des émissaires, des comités
directeurs, et des agens de la faction jacobine, conjurée de
toute éternité contre tout trône et tout autel ; et qu'ils savent,
comme eux, changer les citoyens les plus paisibles en de fougueux
révolutionnaires ; et que comme eux encore, ils sont habiles à
trouver dans toutes les voix les chants de la *Marseilloise* et les
cris *à la lanterne*. Mais des erreurs permises peut-être à des
hommes d'avant la révolut on, à des voltigeurs de Louis XV,
à des esprits incorrigibles, et à des têtes à perruques, ne sont-elles
pas inexcusables dans des fils de la jeune France, qui ont vu
de leur berceau les fêtes de la raison ; qui ont fait leurs premiers
pas et leurs premières danses autour de l'arbre de la liberté ;
qui se sont nourris d'études fortes et sérieuses dans les lycées
de l'empire ; qui ont étudié les vrais principes de la politique dans les feuilles du Constitutionnel ; qui se sont délivrés
des antiques préjugés en chantant Béranger, en lisant Figaro,
et qui se sont enfin élevés à la hauteur du siècle en abandonnant
l'enseignement mutuel pour la méthode Jacotot ?

Sans plaisanterie, quel homme non aveuglé par la prévention
et d'une imagination calme, verra jamais des annonces de
bouleversement et des menaces de coup d'état dans les paroles
d'un Roi disant que si les représentans du peuple méconnaissent
leurs devoirs ou les connaissant bien s'en écartent, il en ap-
pellera au peuple lui-même, dont la confiance et l'amour lui
sont assurés ?

En style constitutionnel, cela veut dire que si le Roi cioit avoir à se plaindre de la Chambre, il la dissoudra ; et qu'il est sûr de ne pas avoir les mêmes plaintes à faire des Électeurs. Quoi de plus innocent qu'un tel langage ?

Mais quand même les Ministres auraient voulu dire par-là que si les Députés s'obstinaient à refuser le budget, le peuple plus juste ne refuserait pas un impôt nécessaire ; quelle impiété pourrait-on reprocher à ces paroles ? et comment y trouverait-on des menaces de dictature ou d'omnipotence monarchique ?

Encore une fois nous savons bien que cela a été dit par ceux qui se sont faits les amis du Ministère, mais le Ministère ne les a-t-il pas récusés par ses interprêtes ou ses organes ? et faudra-t-il à chaque instant que nous répétions les mêmes protestations ?

Électeurs de France, quand nous avons entendu pour la première fois les reproches en apparence incalculables qu'on faisait au discours de la couronne, nous avons cru, comme vous peut-être, qu'il renfermait réellement quelque chose de condamnable. Mais en nous livrant à l'examen impartial que nous avons recommencé devant vous, nous avons acquis la triste conviction, qu'en cette occasion, comme presque toujours, les hommes n'avaient encore vu les choses que sous le point de vue qui flattait leurs intérêts et leur passion. Puissiez-vous tous vous en affranchir !

CHAPITRE VIII.

*Adresse de la Chambre des Députés. Justification
de la réponse à cette adresse.*

On sait comment le discours d'ouverture fut accueilli par
l'opinion publique et les Chambres.

Les Ministres n'ont rien dit à l'opinion. Car ils ont officiellement
détrompé ceux qui regardaient certains journaux comme leurs
organes.

Ils ont affirmé que les Pairs avaient entendu le discours dans son
véritable sens. On doit les croire, puisque rien ne prouve qu'ils
aient menti.

Ils ont conseillé au Roi de blâmer la réponse des Députés, et le
Roi l'a blâmée. On doit rechercher si cette adresse était réellement
blâmable et si la réponse qu'ils ont conseillée est elle-même
exempte de reproche.

Mais comme, dans tout procès, il est important de mettre les
pièces sous les yeux du juge, nous transcrivons ici cette réponse
et l'adresse elle-même, en indiquant par des caractères *italiques*
les passages sur lequels doit rouler notre discussion.

Voici l'adresse :

« Sire,

» C'est avec une vive reconnaissance que vos fidèles sujets les
» Députés des départemens, réunis autour de votre trône, ont
» entendu de votre bouche auguste le témoignage flatteur de la
» confiance que vous leur accordez. Heureux de vous inspirer ce
» sentiment, Sire, ils le justifient par l'inviolable fidélité dont ils
» viennent vous renouveler le respectueux hommage ; *ils sauront*
» *encore le justifier par le loyal accomplissement de leurs devoirs.*

» Nous nous félicitons avec vous, Sire, des événemens qui ont

» consolidé la paix de l'Europe, affermi l'accord établi entre vous
» et vos alliés, et faites cesser en Orient le fléau de la guerre.

» Puisse le peuple infortuné que vos généreux secours ont
» arraché à une destruction qui paraissait inévitable, trouver dans
» l'avenir que Votre Majesté lui prépare, son indépendance, sa
» force et sa liberté.

» Nous faisons des vœux, Sire, pour le succès des soins que
» vous consacrez, de concert avec vos alliés, à la réconciliation des
» princes de la maison de Bragance. C'est un digne objet de la
» sollicitude de Votre Majesté, que de mettre un terme aux maux
» qui affligent le Portugal, sans porter atteinte au *principe sacré*
» *de la légitimité inviolable pour les Rois, non moins que pour*
» *les peuples.*

» Votre Majesté avait suspendu les effets de son ressentiment
» contre une puissance barbaresque; mais elle juge ne pas pouvoir
» différer plus long-temps de poursuivre la réparation éclatante
» d'une insulte faite à son pavillon. Nous attendrons avec respect *les*
» *communications que Votre Majesté croira sans doute nécessaire*
» *de nous adresser sur un sujet qui touche à de si grands inté-*
» *rêts.* Sire, toutes les fois qu'il s'agira de défendre la dignité de
» votre couronne et de protéger le commerce français, vous
» pouvez compter sur l'appui de votre peuple, autant que sur
» son courage.

» *La Chambre s'associera avec reconnaissance aux mesures*
» *que vous lui proposerez pour fixer, en l'améliorant, le sort des*
» *militaires en retraite. Les lois qui lui seront présentées sur*
» *l'ordre judiciaire et sur l'administration auront droit aussi à*
» *son examen attentif.*

» La réduction que Votre Majesté nous annonce dans le revenu
» public est un *symptôme dont la gravité nous afflige : nous met-*
» *trons tous nos soins à rechercher les causes du malaise qu'il*
» *indique.*

» Votre Majesté a ordonné de nous présenter une *loi relative*
» *à l'amortissement et à la dette publique.* L'importance des ques-
» tions que renferment ces projets et l'obligation de tenir une
» balance exacte entre les divers intérêts qui s'y rapportent, *exci-*
» *teront au plus haut degré notre sollicitude.* Une organisation

» équitable et habilement combinée du crédit public, sera pour là
» France un puissant moyen de prospérité, et pour Votre Ma-
» jesté un nouveau titre à la gratitude de ses peuples.

» Mais il est une condition nécessaire à l'accomplissement de
» ce bienfait, et sans laquelle il demeurerait stérile : c'est *la sécu-*
» *rité de l'avenir, fondement le plus solide du crédit et premier*
» *besoin de l'industrie.*

» Accourus à votre voix de tous les points de votre royaume,
» nous vous apportons de toutes parts, Sire, l'hommage d'un
» peuple fidèle, encore ému de vous avoir vu le plus bienfaisant
» de tous, au milieu de la bienfaisance universelle, et qui révère
» en vous le modèle accompli des plus touchantes vertus. Sire,
» ce peuple chérit et respecte votre autorité ; quinze ans de paix
» et de liberté qu'il doit à votre auguste frère et à vous, ont pro-
» fondément enraciné dans son cœur la reconnaissance qui l'at-
» tache à votre royale famille. Sa raison, mûrie par l'expérience
» et par la liberté des discussions, lui dit que *c'est surtout en ma-*
» *tière d'autorité que l'antiquité de la possession est le plus saint*
» *de tous les titres*, et que c'est pour son bonheur autant que
» pour votre gloire, que les siècles ont placé votre trône dans
» une région inaccessible aux orages. Sa conviction s'accorde donc
» avec son devoir pour lui présenter *les droits sacrés de votre*
» *couronne comme la plus sûre garantie de ses libertés, et l'inté-*
» *grité de vos prérogatives comme nécessaire à la conservation*
» *de ces droits.*

» Cependant, Sire, *au milieu des sentimens unanimes de*
» *respect et d'affection dont votre peuple vous entoure*, il se ma-
» nifeste dans les esprits une vive inquiétude qui trouble la sécu-
» rité dont la France avait commencé à jouir, *altère les sources*
» *de sa prospérité, et pourrait, si elle se prolongeait, devenir*
» *funeste à son repos.* Notre conscience, notre honneur, la fi-
» délité que nous avons jurée, et que nous garderons toujours,
» nous imposent le devoir de vous en dévoiler la cause.

» Sire, *la Charte* que nous devons à la sagesse de votre auguste
» prédécesseur, et dont Votre Majesté a la ferme volonté de con-
» solider le bienfait, *consacre, comme un droit, l'intervention du*
» *pays dans la délibération des intérêts publics.* Cette interven-

» tion devait être, et est en effet indirecte, sagement mesurée,
» circonscrite dans des *limites exactement tracées*, *et que nous ne*
» *souffi ii ons jamais que l'on ose tenter de franchir*; mais elle
» est positive dans son résultat; car elle fait du *concours perma-*
» *nent des vues politiques de votre gouvernement avec les vœux*
» *de votre peuple*, *la condition indispensable de la marche ré-*
» *gulière des affaires publiques.* Sire, notre loyauté, notre dé-
» vouement nous condamnent à vous dire que *ce concours*
» *n'existe pas.*

» *Une défiance injuste des sentimens et de la raison de la*
» *France*, *est aujourd'hui la pensée fondamentale de l'adminis-*
» *tration*; votre peuple s'en afflige, parce qu'elle est injurieuse
» pour lui; il s'en inquiète, parce qu'elle est menaçante pour
» ses libertés.

» Cette défiance ne saurait approcher de votre noble cœur,
» Non, Sire, *la France ne veut pas plus de l'anarchie que*
» *vous ne voulez du despotisme*; elle est digne que vous ayez
» foi dans sa loyauté comme elle a foi dans vos promesses.

» *Entre ceux qui méconnaissent une nation si calme, si fi-*
» *dèle*, *et nous qui*, *avec une conviction profonde*, *venons dépo-*
» *ser dans votre sein les douleurs de tout un peuple jaloux de*
» *l'estime et de la confiance de son Roi*, *que la haute sagesse de*
» *Votre Majesté prononce!* Ses royales prérogatives ont placé
» dans ses mains les moyens d'assurer, entre les pouvoirs de l'é-
» tat cette *harmonie constitutionnelle*, *première et necessaire*
» *condition de la force du trône et de la grandeur de la France.* »

A cette adresse le Roi répondit :

« Monsieur, j'ai entendu l'adresse que vous me présentez au
» nom de la Chambre des Députés. J'avais droit de compter sur
» le concours des deux Chambres pour accomplir tout le bien
» que je méditais. Mon cœur s'afflige de voir les Députés des
» départemens déclarer que, de leur part, ce concours n'existe
» pas.

» Messieurs, j'ai annoncé mes résolutions dans mon discours
» d'ouverture de la session; ces résolutions sont immuables;
» l'intérêt de mon peuple me défend de m'en écarter.

» Mes Ministres vous feront connaître mes intentions. »

L'adresse des Députés, comme on sait, a été blâmée à outrance par ceux qui se disent les amis du Ministère, et vantée de même par ceux qui en sont les ennemis. La réponse à l'adresse a eu le même sort dans un sens opposé. Mais le méritaient-elles l'une et l'autre ?

Si l'on veut dès à présent avoir notre opinion, nous dirons que l'adresse des Députés ne méritait pas la plupart des reproches qu'on lui a faits ; mais qu'elle était réellement blâmable sous certains points : et que la réponse à l'adresse était entièrement innocente. Car tous les reproches qu'on a cru lui faire retombent sur l'interprétation qu'en ont donnée les prétendus organes du Ministère ; et cette interprétation est fausse.

Ces réponses paraîtront sans doute autant de damnables paradoxes aux hommes des différens partis. Mais encore une fois, qu'ils lisent sans prévention, s'ils le peuvent, dans le silence des préjugés ; et nous sommes sûrs que le paradoxe paraîtra la vérité.

§ 1. *Vices des reproches faits à l'adresse de la Chambre des Députés.*

Dans cette adresse, les Députés ont proclamé des principes, énoncé des faits, donné des conseils. Ces principes sont-ils erronés? ces faits sont-ils mensongers ou faux? ces conseils sont-ils insolens ou pernicieux? les Députés sont coupables, quoi que puissent dire leurs amis. N'ont-ils aucun de ces caractères? les Députés sont innocens,

Premièrement, les Députés ont proclamé en principe, 1° que la légitimité est sainte*, et non moins inviolable pour les Rois que pour les peuples ; 2° que la sécurité de l'avenir est le fondement le plus solide du crédit et le premier besoin de l'industrie ; 3° que c'est surtout en matière d'autorité que l'antiquité de la possession est le plus saint de tous les titres ; 4° qu'en France les droits sacrés de la couronne sont les plus sûres garanties des libertés publiques, et l'intégrité des prérogatives du Roi nécessaire à la conservation des droits du peuple ; 5° que la Charte consacre, comme un droit*, l'intervention du pays dans la délibération des intérêts publics ; 6° enfin que le concours permanent des vues politiques,

du gouvernement avec les vœux du peuple et l'harmonie cons-
titutionnélle des pouvoirs de l'État est la condition indispensable
de la marche régulière des affaires publiques, la première et nécessaire condition de la force du trône et de la grandeur de la
France.

Mais, loin que ces principes soient erronés, les rappeler,
n'est-ce pas faire l'éloge de ceux qui les ont émis? à moins qu'on
ne veuille les blâmer d'avoir dit ce qui se trouve dans tous les
esprits éclairés, ou de s'être faits les échos de la conscience universelle. Oser les blâmer, n'est-ce pas encore contredire les
notions les plus simples de la justice et de l'économie politique ;
insulter la raison publique ; méconnaître l'esprit de nos institutions ; et en être à l'A,B,C de la monarchie selon la Charte?
Franchement, pour instruire des hommes ignorans à ce point,
il faudrait raconter la guerre de Troye depuis les œufs de Léda :
nous n'en avons ni le temps ni la volonté.

Secondement, parmi les faits énoncés par les Députés, les
uns sont relatifs à eux-mêmes ; les autres sont relatifs au peuple ;
et les derniers aux Ministres.

Relativement à eux-mêmes, les Députés ont dit : 1° qu'ils
étaient disposés à justifier la confiance du Roi par le loyal accomplissement de leurs devoirs ; 2° qu'ils étaient reconnaissans
de ce qu'on leur offrait l'occasion de s'associer à des mesures
propres à fixer, en l'améliorant, le sort des militaires en retraite ; 3° qu'ils se proposaient d'examiner attentivement les lois
qu'on leur annonçait sur l'ordre judiciaire et sur l'administration ; 4° qu'ils avaient l'intention de mettre tous leurs soins à
rechercher les causes du malaise indiqué par la réduction sur-
venue dans le revenu public ; 5° que leur sollicitude était excitée
au plus haut degré par la seule idée d'une loi relative à l'a-
mortissement et à la dette publique ; 6° enfin qu'ils étaient décidés
à ne jamais souffrir que l'on osât tenter de franchir les limites
tracées à la liberté par la Charte.

Et tels sont les Députés que l'on représente comme des factieux ! s'ils le sont dans le cœur, avouons au moins qu'ils savent
bien déguiser leurs sentimens. Mais puisque les amis des Ministres
demandent sans cesse qu'on ne les juge que d'après leurs actes,

comment eux-mêmes ne jugent-ils pas des orateurs exclusivement d'après leurs paroles et un discours exclusivement d'après ce qu'il dit ? Ainsi les faux dévots jettent sur les épaules de leurs frères un fardeau qu'ils ne voudraient pas toucher du bout des doigts.

On a prétendu aussi que ces Députés avaient abdiqué leurs fonctions. Mais jusqu'à ce qu'on nous ait révélé quelles fonctions sont imposées aux Députés, autres que celles d'examiner scrupuleusement, de discuter franchement et de voter consciencieusement les lois qu'on leur propose, nous demanderons si les phrases que nous venons de citer ne sont pas l'exact contre-pied de cette prétendue abdication.

Relativement au peuple, les Députés ont dit qu'il était fidèle et digne que le Roi eût foi dans sa loyauté, comme il avait lui-même foi dans les promesses de son Roi ; qu'il révérait en son Roi le modèle accompli des plus touchantes vertus ; qu'il chérissait et respectait son autorité ; que la reconnaissance qui l'attachait à la famille royale était profondément enracinée dans son cœur ; qu'enfin il ne voulait pas plus de l'anarchie que le Roi ne voulait du despotisme : mais que néanmoins il était tourmenté d'une vive inquiétude qui troublait sa sécurité, altérait les sources de sa prospérité et pourrait, si elle se prolongeait, devenir funeste à son repos.

Ce dernier membre de phrase est le seul, de tout ce paragraphe, qui ait excité l'indignation des amis du Ministère ; mais aussi l'a-t-il excitée au suprême degré. Même aujourd'hui, après deux mois, l'attaque n'a presque rien perdu de sa fureur ; et chaque jour, au milieu d'innombrables injures, on prétend que cette vive inquiétude, dont ont parlé les Députés, n'existe nulle part ou du moins n'agite qu'un petit nombre de citoyens ; et que, nulle autre part que dans leurs cœurs, aucun sentiment étranger ne trouble les sentimens de respect et d'affection dont les Français entourent leur Roi.

Mais en supposant qu'il en soit ainsi, est-ce une raison pour accuser de mensonge et injurier ? Car enfin il peut se faire que les Députés aient été trompés ; et que, tourmentés eux-mêmes par de tristes pressentimens, ils aient cru voir partout les symptômes de la même frayeur : comme tout se peint en jaune aux yeux du malade attaqué de la jaunisse. Sans doute on pourrait alors accuser l'intelligence de ces Députés et se plaindre que la France ait pour représentans des hommes qui la connaissent si mal. Mais qu'il y a loin de là à accuser leur caractère! Et c'est ce qu'on a fait, confondant des hommes trompés qu'il faut instruire avec des trompeurs qu'il faut châtier; le cri de la conscience, de l'honneur, de la fidélité avec celui de la mauvaise foi, de la trahison, du parjure; et des Députés exposant le fond de leur pensée, au risque de déplaire, se plaignant même de la rigueur du devoir qui les y condamne, ont été poursuivis d'injures que nous rougirions de rappeler, et traités comme d'infâmes menteurs.

Et pourtant, non-seulement rien ne prouve qu'ils n'ont pas parlé selon leur conscience; mais encore tout concoure à démontrer qu'ils n'ont dit que la vérité. Demandez-le plutôt à M. le Ministre de l'intérieur : les rapports des préfets l'en ont convaincu; de même que les rapports des membres du parquet ont dissipé depuis long-temps tous les doutes de M. le Garde des sceaux.

Enfin, relativement aux Ministres, les Députés ont dit : 1° que le concours ou l'harmonie n'existait pas entre leurs vues politiques et les vœux du peuple; 2° que leur pensée fondamentale était une défiance injuste des sentimens et de la raison de ce même peuple; 3° qu'ils étaient ennemis des libertés publiques et menaçaient de les détruire.

A l'énoncé de ces faits, nous ne voulons pas nier que si les Députés croyaient toutes ces choses, ils n'aient pas bien fait de les dire. Car la franchise entre les pouvoirs de l'État n'est pas moins nécessaire au bonheur social que la franchise entre les individus est elle-même indispensable au bonheur des particuliers. Nous voulons même qu'en disant ces choses les Députés soient regardés comme ayant parlé selon leur conscience. Car, indépendamment de tout autre raison, rien ne prouve qu'ils aient menti.

Mais en respectant l'intention des Députés et en nous séparant de ceux qui l'ont accusée, nous ne croyons pas qu'il nous soit défendu de blâmer les actes qui ont pu en émaner. Car toutes les opinions qui dictent des discours consciencieux ne sont pas irrépréhensibles; et trop d'arrêts sont appuyés sur de mauvais considérans. Nous y reviendrons tout à l'heure.

Troisièmement, quant aux conseils que les Députés ont adressés au Roi, le premier était relatif à la guerre d'Alger, dont ils ont dit qu'ils ne croyaient pas qu'elle dût être entreprise, avant qu'on leur eût adressé des communications sur un sujet qui touchait à de si grands intérêts ; le second était relatif à la conduite que le Roi devait tenir à l'occasion du défaut de concours existant entre les vues supposées des Ministres et celles des Députés.

Les Ministres n'ont pas écouté le premier de ces conseils ; et peut-être en avaient-ils le droit.

Quoi qu'on ait pu dire du second, il était aussi respectueux dans la forme que légitime dans le fond. Pour la forme, on peut s'en convaincre en le lisant ; pour le fond, la preuve s'en trouve dans les idées qu'il renferme et qu'expriment exactement les phrases suivantes.

« Sire, telle est la défiance que vos Ministres inspirent aux » Députés, qu'il faut peut-être éviter de les mettre en rapport » avec eux. Cependant voyez ce que votre haute sagesse pro- » nonce.

» Voulez-vous continuer votre confiance à ces Ministres ? » Nous vous avons déjà dit que nous saurions justifier celle » que vous nous accordez par le loyal accomplissement de nos » devoirs.

» Voulez-vous les changer ? Nous vous en remercierons au » nom de tout un peuple calme, fidèle, jaloux de votre estime » et de votre confiance.

» Voulez-vous nous proroger ou nous dissoudre ? C'est votre » droit, et personne ne contestera vos royales prérogatives. »

Ainsi tombent, devant un examen impartial, la plupart des reproches dont on a poursuivi l'adresse des Députés. Mais, pour ne pas avoir commis les crimes dont on est accusé, l'on n'en est pas souvent plus innocent. Et telle est, à notre avis, la position des Députés répondant au discours de la couronne.

§ 2. Reproches à faire à l'adresse des Députés.

Dans les passages de cette adresse que nous avons cités en der- nier lieu, les Députés condamnent donc les vues politiques des

Ministres, leur pensée intime, leurs sentimens et leurs secrètes intentions. Mais sur quels motifs ?

Quoiqu'ils ne le disent pas, on ne peut douter que ce ne soit sur leurs antécédens, sur leur caractère, sur les principes du parti qui les a portés au pouvoir, et sur le langage des journaux qu'on regarde comme leurs organes. Nous n'en voyons pas d'autres ; et tous ces motifs nous semblent insuffisans.

1° Les Députés condamnent les Ministres sur leurs antécédens. Mais les plus blâmables de ces antécédens, aux yeux des libéraux, sont antérieurs à la Charte ; et la Charte dit que *toutes recherches des opinions et des votes émis jusqu'à la restauration sont interdites ; et que le même oubli est commandé aux tribunaux et aux citoyens.* Les libéraux ne manquent jamais au besoin d'invoquer cet article 11. N'a-t-il donc été fait qu'en leur faveur ? D'ailleurs, au défaut de la Charte, la raison plus puissante encore que la Charte ne dirait-elle pas que, dans les temps de commotions politiques et de révolutions, les hommes ne peuvent guère être jugés par leurs antécédens, et que souvent ils ne se ressemblent plus du jour au lendemain ? Lequel de nos plus ardens libéraux, n'a pas en effet adopté, soutenu, pratiqué les doctrines les plus despotiques ? Lequel de nos absolutistes n'a pas été souvent un ardent prêcheur de principes démagogiques ? Hommes des vieux jours ! nous ne voulons pas vous absoudre de vos éternelles palinodies : mais que celui d'entre vous qui se sent innocent jette la première pierre.

Toutefois nous ne chercherons pas à le dissimuler, des antécédens sont toujours un motif de présomption. Mais quel juge condamnera sur des présomptions ? Et pourtant les Députés l'ont fait.

2° Les Députés condamnent encore les Ministres sur le caractère qu'ils leur connaissent ou qu'ils leur supposent. Mais la supposition d'un caractère n'est qu'une supposition de présomption. Quel grave motif de condamnation !

Naguères quand M. de Vatismenil fut nommé au Ministère de l'instruction publique, ce fut un *tolle* général des libéraux contre ce fidèle supposé de la congrégation. Et maintenant ces mêmes libéraux frappent des médailles en son honneur. Accueilli de même, M. de Guernon-Ranville est peut-être réservé à la même fin : et ainsi des autres. Il y a quelques années aussi, le caractère bien connu de M. de Chateaubriand le faisait condamner comme un homme de Coblentz ou tout au moins de Gand ; et les libéraux, encore marqués de ses brûlans stigmates et tout meurtris de ses blessures, baisent aujourd'hui la main qui les a frappés.

Des volumes ne suffiraient pas pour raconter tous nos désappointemens sur les caractères, seulement depuis quinze ans : et cependant les caractères sont encore donnés comme des motifs de condamnation. Franchement, n'est-ce pas là condamner un prévenu sur un décret impérial aboli par la Charte ?

3° Les Députés condamnent les Ministres sur les principes du parti qui les a poussés aussi au pouvoir. Mais la congrégation passait pour avoir poussé M. de Vatismenil au Ministère : qu'en est-il résulté ? Sans doute les partis se croient victorieux quand ils voient la puissance aux mains de ceux qu'ils ont portés dans leur sein : mais combien de fois cette victoire apparente a-t-elle été une véritable défaite ?

Quand Bonaparte surgit au pouvoir, la révolution qui semblait incarnée en lui, pouvait se croire sûre de l'éternité : et Bonaparte ne se servit du pouvoir que contre elle ; semblable à ces enfans drus et forts d'un bon lait qui battent leur nourrice. De même M. de Villèle siégeait à l'extrême droite ; et jamais peut-être l'extrême droite n'a été aussi dédaignée, raillée que par M. de Villèle. Sous l'ancien Ministère enfin, l'on avait fait un département à part pour la direction des affaires ecclésiastiques, dont la direction avait été confiée à un membre de l'épiscopat. Entendez comment les évêques en parlent, et jugez combien est peu fondée la présomption tirée contre un Ministre des principes du parti auquel il a appartenu ou semblé appartenir.

4° Enfin les Députés condamnent les Ministres sur le langage des journaux qu'ils considèrent comme leurs organes. Mais nonseulement les Ministres n'ont jamais avoué ces prétendus organes ; ils les ont souvent récusés. Jusques à quand s'opiniâtrera-t-on donc à vouloir que la parole n'ait été donnée à l'homme que pour dissimuler sa pensée ?

Ainsi, dans l'arrêt qu'ils ont porté contre les vues politiques, les pensées, les sentimens et les intentions des Ministres, les Députés se sont au moins rendus coupables d'une grande précipitation. Et si la précipitation est d'autant plus blâmable qu'elle a lieu dans des matières plus graves, qu'on songe à l'immense responsabilité qui pèse sur eux. Premier reproche.

En second lieu, s'il est vrai que les particuliers se doivent des égards réciproques, ceci est encore plus vrai des pouvoirs de l'État, dont l'harmonie, comme l'ont si bien dit les Députés eux-mêmes, est la première et nécessaire condition de la force du trône et de la grandeur de la France. Car cette absence d'égards est plus propre peut-être que tout autre chose à amener le désaccord. Pourquoi faut-il donc que les Députés s'en soient ici rendus coupables? Second reproche.

Et ce second reproche est d'autant plus grave qu'en dépit de tous les principes constitutionnels et malgré la vérité si ingénieuse de l'infaillibilité royale, ce manque d'égards paraissait attaquer le Souverain lui-même. Mais ce sujet est si délicat que nous craignons de nous y arrêter.

Enfin les Députés, en rendant cet arrêt, n'ont semblé occupés que de l'idée de rendre un service à l'opinion publique et se sont faits les complaisans ou les exécuteurs des hautes œuvres du journalisme.

Non toutefois qu'il soit dans notre intention de dire que les journaux recherchés par la majorité ne sont pas une assez fidèle expression de l'opinion publique, et que cette opinion ne doit pas être sans cesse présente aux yeux de l'homme d'État : mais c'est que, comme nous l'avons déjà dit, il y a loin de là à ériger en axiôme l'obéissance absolue à cette opinion publique et à croire, ainsi qu'on croit à un dogme, qu'il faut constamment marcher avec le siècle. Car, nous le redirons en nous servant des propres expressions d'un jeune professeur, dans une occasion solennelle, « il en est souvent de certains mots et de certaines phrases » comme de certains hommes qui jouissent d'un bonheur et d'une » réputation peu méritée. Et malheur à celui qui, séduit par » une phrase de ce genre, se persuaderait qu'il faut encore *marcher avec le siècle*, alors qu'entraîné par cet esprit de vertige » et d'erreur, non moins funeste avant-coureur de la chute des

» peuples que de celle des Rois, il abjure ou méconnaît les
» doctrines les plus saines; outrage l'humanité; persécute la raison;
» condamne la justice et la vérité, comme autrefois les vierges
» chrétiennes, à des profanations infâmes ; et semblant un
» instrument docile entre les mains de l'ange du mal, exile
» Anaxagore, emprisonne Galilée, abreuve Descartes de dégoûts
» et commande le massacre des protestans français, ou l'ignoble
» dégradation du catholique d'Irlande !

» Trop souvent, continuait-il, ce qu'on appelle le siècle n'est
» autre chose que l'aveugle fatalité des anciens s'efforçant de
» captiver la liberté morale de l'homme; c'est le pouvoir luttant
» contre l'autorité, l'intérêt contre le devoir, le fait contre le
» droit; c'est l'opinion de la multitude annulant la décision des
» habiles et la folie déportant la sagesse; c'est enfin le cri de
» l'homme faisant effort pour étouffer la voix de Dieu. Loin
» de nous la pensée qu'il faille alors s'y soumettre, comme si
» l'erreur, la difformité, la maladie, la mort, pour être géné-
» rales, devenaient la vérité, la beauté, la santé et la vie !
» Quand Socrate et Caton résistaient avec tant d'énergie au mou-
» vement de leur siècle entraîné vers l'adoration des faux
» Dieux et l'obéissance aux usurpateurs, ils ne s'attendaient pas
» sans doute à être accusés un jour du crime de lèse-majesté.
» Et vous qui préférâtes mourir dans ces jours où naissance,
» dignité, fortune, génie, beauté, vertu, tout en un mot était
» crime, excepté le crime lui-même, si quelques insensés outra-
» gent votre mémoire, puissions-nous, plutôt que de nous unir
» à eux, mériter comme vous leur réprobation ! »

Ainsi, depuis le 8 août jusqu'au 2 mars, l'opinion publique
s'était en effet laissée aller à supposer aux Ministres les projets
les plus hostiles ; et à se persuader, comme à plaisir, qu'il n'y
avait aucune sympathie entre elle et eux, aucune harmonie entre
leurs projets et ses désirs, aucun concours, enfin entre leurs vues
politiques et ses propres vœux. Mais le devoir des Députés était
de se roidir contre ces préjugés universels, au lieu de les par-
tager, et de faire retentir la voix de la vérité plus haut que
toutes les clameurs populaires.

Une trop funeste expérience a démontré combien il est dan-

6

gereux que le pays, dont l'opinion publique est la voix, inter-
vienne dans la délibération des intérêts publics d'une manière
directe, absolue, illimitée. C'est pourquoi l'auteur de la Charte
institua la Chambre des Députés. Mais que devient la prévoyance
de cette institution, si les Députés se croyent obligés d'être les
représentans fidèles des erreurs, des désirs et des passions du
dehors ? Ainsi faisant, ils oublient leur mission. Et tel est le
grave reproche que l'on doit adresser en dernier lieu aux paroles
que nous avons rappelées.

Or, si les Députés ont été coupables dans leur adresse, qui at-
taquera les paroles dans lesquelles on leur a reproché leur faute ?

§ 3. *Justification de la réponse à l'adresse des Députés.*

Rappelons d'abord quelques faits actuellement incontestables.

A la fin de la session de 1829, voyant la France divisée en **tous**
sens et tiraillée par différens partis, les Conseillers de la couronne
sentirent la nécessité de les réconcilier tous, et crurent à la possi-
bilité de cette réconciliation.

Pour l'opérer, ils crurent encore devoir appeler au Ministère
des hommes universellement reconnus pour leurs opinions religieuses et monarchiques, auxquels le Roi donnerait la mission
spéciale de continuer le règne de Louis XVIII, en consolidant,
développant la Charte, et assurant la durée des libertés constitutionnelles par leur intime alliance avec la religion et la monarchie.
Dans cette pensée fut composé le Ministère du 8 août.

La masse ne comprit pas cette pensée, et l'on ne dut pas s'en
étonner. Car elle était haute et profonde, et la masse *vulgus*
ne comprend guère que les pensées vulgaires. D'où les trépi-
gnemens et les cris des journaux qui ne sont que l'expression
écrite des sentimens de la masse.

Le Ministère crut devoir laisser d'abord se calmer cette effervescence de passion et se faire pardonner son existence par
sa longanimité. D'où sa patience, son inertie apparente et toute
sa conduite jusqu'au 2 mars ; sans oublier d'y comprendre même
la lenteur qu'il mit à convoquer les Chambres.

Au 2 mars, la voix commençant à manquer aux partis, le Ministère pouvait espérer qu'il serait un peu mieux compris et jugé, surtout par ceux qui semblent devoir être constamment exempts des erreurs de la masse, par ceux qui sont l'élite de la nation, par les Députés. L'adresse prouva que cet espoir n'était pas fondé, et que l'élite de la nation n'avait pas mieux compris que la masse la pensée nécessaire et profonde de réconciliation générale, dans laquelle le pouvoir avait été confié aux hommes du 8 août.

Par une suite nécessaire, ces mêmes députés se montrèrent fermement décidés à ne pas concourir avec les Ministres, pour éclairer l'opinion sur les intentions véritables du gouvernement et sur les vrais besoins du pays.

Ainsi trompés dans leurs justes espérances, par l'erreur des Députés, les Ministres n'étaient-ils donc pas fondés à s'en plaindre et à faire dire au Roi « qu'ayant droit de compter sur le » concours des deux Chambres pour accomplir tout le bien » qu'il méditait, il s'affligeait de voir les Députés des départe- » mens déclarer que, de leur part, ce concours n'existait pas. »

Électeurs de France, nous n'ignorons pas plus que vous comment cette réponse si naturelle, si juste et si vraie a été dénaturée et défigurée par les passions des hommes. Telle la parole divine qui se corrompt en passant par des bouches humaines. Mais, au lieu de boire l'eau du fleuve quand il ne roule plus que des flots bourbeux et immondes, n'aurez-vous pas le courage de remonter à sa source ?

Des hommes de parti, préoccupés de leurs faux systèmes, ont réuni tous leurs efforts pour trouver à ces paroles un sens favorable à leurs idées ; et ils y sont parvenus. Car quel voyageur, quelque grand qu'il fût, n'était pas raccourci à la dimension du lit de Procuste ? Mais vous qui ne devez appartenir qu'à la France et n'être les hommes d'aucun parti, vous laisserez-vous prendre à leur langage ?

On dit que l'âge de la liberté est enfin arrivé. Plaise à Dieu ! Mais sachez qu'il n'y a de liberté possible que pour ceux qui savent penser par eux-mêmes et qui sont assez indépendans pour secouer le joug de tous les préjugés, soit du cœur soit de l'esprit.

CHAPITRE IX.

Justification de la prorogation des Chambres.

Après l'adresse des Députés, on avait à choisir entre quatre partis.

Le premier était de continuer la session commencée, en attendant du temps et de toute la conduite des Ministres non moins que de la sagesse de leurs propositions et de la franchise constitutionnelle de leurs discours, la fin des vieilles antipathies et des préventions enracinées contre eux. Le second était de leur donner des successeurs ; le troisième, de dissoudre la Chambre des Députés ; et le dernier, de proroger la session législative.

Le premier parti fut peut-être aussi la première pensée des conseillers de la couronne. Mais la défiance si grande et si clairement exprimée des Députés pouvait à chaque instant hérisser de difficultés nouvelles les rapports qu'il fallait avoir avec eux, jeter de l'aigreur dans les discussions, irriter de vieux ressentimens, faire naître des antipathies nouvelles, et reculer indéfiniment le jour de la réconciliation générale que les Ministres étaient destinés à hâter. On y renonça.

Renvoyer les Ministres était chose facile et continuer encore le règne de Louis XVIII qui avait toujours consulté les vœux de la majorité. Mais où leur trouver des successeurs ?

L'adresse des Députés n'avait pas changé la nature des choses. Par elle, les vérités que nous avons exprimées plus haut n'avaient pas cessé d'être des vérités. Mais la nécessité de réconcilier tous les Français et de réunir tous les partis dans un même esprit de croyance à l'indivisibilité absolue de la religion, de la monarchie et de la liberté, subsistait toujours, ainsi que l'impossibilité d'opérer cette réconciliation et cette réunion autrement que par des Ministres, hommes religieux et monarchiques.

Ainsi la pensée de composer un Ministère de gauche était in-
terdite dans l'intérêt de la France. Un Ministère des centres n'était
propre qu'à renouveler les scènes affligeantes qu'il est déjà trop
pénible d'avoir vues une fois, et à continuer le supplice de la France
qui demande à se reposer enfin des tortures auxquelles les partis
la condamnent depuis si long-temps. Un Ministère de droite était
toujours nécessaire.

En renvoyant les hommes actuels pour les remplacer par
d'autres hommes appartenant à la même opinion, l'on paraissait, il est vrai, donner quelque chose à l'opinion publique, et
ce sacrifice apparent pouvait un instant calmer quelques passions.
Mais on aurait vu nécessairement reparaître, quelque temps
après, les mêmes difficultés, encore agrandies par la concession
qu'on aurait faite. Ce n'était qu'un vain palliatif, sans franchise
ni grandeur.

D'ailleurs, les ennemis du Ministère avaient dit et redit que
M. de Polignac et ses collègues avaient été jetés au pouvoir,
comme des aventuriers, au hasard, dans l'absence de toute
réflexion, sans pensée fixe, ni projets arrêtés, ni résolutions déter-
minées. Un démenti était nécessaire. Et, outre qu'en reculant
timidement devant la première difficulté, surtout devant une difficulté qu'on avait dû prévoir, c'était leur donner raison ; c'était
encore calomnier les réflexions qui avaient amené la composition du
Ministère du 8 août, compromettre la pensée qui, ce jour-là, avait
enfanté le Ministère, rendre impossible peut-être le seul moyen
propre d'opérer entre tous les fils de la France une réconciliation sincère, et gâter ainsi l'avenir de cette même France.

Par toutes ces raisons, les Ministres devaient être maintenus
au pouvoir ; et ils l'ont été.

Dissoudre la Chambre était en appeler des Députés au pays.
Mais les Députés, qui avaient parlé sous l'action du pays, avaient
réagi sur lui par leur adresse. Les préventions, les défiances et
les passions du peuple avaient pris, à ses yeux, je ne sais
quel caractère de justice, de vérité et de raison, du moment
qu'il les avait vues partagées par ses représentans. Dès ce moment, les fantômes dont il s'était effrayé étaient devenus d'incontestables réalités ; ses présomptions étaient des certitudes ; ses

soupçons une conviction. Prononcées en si haut lieu , les pâ-
roles des Députés étaient descendues sur la France comme un
oracle infaillible ; ou , si l'on aime mieux, leur vote était la
voix de Dieu sanctionnant la voix de la multitude. Annoncée
en de telles circonstances , la dissolution devait , selon toute
vraisemblance , avoir pour résultat la réélection des mêmes hostilités au Ministère , sinon l'élection d'autres hostilités encore
plus vives. Elle ne devait donc pas être prononcée. Elle ne
l'a pas été.

Restait la prorogation. Ceux qui l'ont attaquée n'ont mani-
festé qu'un seul sentiment , comme ils n'ont avancé qu'un seul
argument.

Leur sentiment a été du mécontentement et du dépit. Mais dépit d'amour – propre froissé , d'espérances déçues , d'ambition
trompée , mérite-t-il beaucoup d'égards ?

Leur argument a été que cette mesure ne décidait rien. Mais
d'abord une mesure qui ne décide rien ne peut être gravement
blâmée que dans ces cas extraordinaires d'urgence où la France
ne se trouve pas. Et en second lieu , celui qui refuse de faire
décider une question , puisque question il y a, par des juges
prévenus et passionnés , ne mérite-t-il pas des éloges plutôt
que du blâme?

Ainsi , la prorogation était bonne , parce que tous les autres
partis offraient de graves inconvéniens , et que seule elle ne pouvait, dans aucun cas, avoir des effets pernicieux.

Elle était bonne, parce que dans les luttes politiques comme
dans celles de la guerre , la temporisation de Fabius triomphe
souvent de l'impétuosité d'Annibal ; et qu'il n'était pas encore
interdit aux Ministres d'espérer que le temps, ce grand médecin
de tant de maux, pourrait aussi guérir les esprits de quelques-
unes de leurs préventions.

Elle était bonne, parce qu'elle donnait aux Ministres le moyen
de se faire mieux connaître aux Députés , et leur permettait
l'espoir qu'ils pourraient un jour appeler du premier jugement de
la Chambre à son propre tribunal.

Elle était bonne, parce qu'elle donnait encore aux Ministres
le moyen de se faire mieux connoître aux Électeurs , et leur

permettait l'espoir de les faire renoncer au projet, qui semblait formé, d'exiger avant tout des candidats à la députation la promesse d'être les ennemis jurés du Ministère.

Elle était bonne, parce qu'elle donnait aux Ministres le moyen de se faire mieux connaître à tous les Français, en ne se contentant plus, dans l'absence des Chambres, d'être inoffensifs aux libertés publiques, mais en les favorisant par tous les moyens que la loi met à leur disposition.

Elle était bonne enfin, parce qu'elle donnait le moyen de mettre de l'unité dans l'administration publique, de placer partout des délégués vraiment dignes de confiance, animés des mêmes sentimens que les Ministres, imbus de la même pensée, invariables dans les mêmes projets et capables de les faire comprendre et aimer de tous les Français.

Toutes ces choses ont-elles été faites? qu'on en juge. Mais pour être fidèles à l'esprit de leur mission, les Ministres ont dû former ces différens projets. Or, la prorogation seule les rendait possibles. Donc elle est justifiée : seule chose que nous ayons dû entreprendre.

CHAPITRE X.

De la dissolution de la Chambre des Députés.

La Chambre des Députés sera-t-elle dissoute ou ne le sera-t-elle pas ? Telle est la question que depuis deux mois on n'a pas cessé de s'adresser; et tourmenté d'impatience, chacun s'est mis à accuser la lenteur du Ministère.

Pour nous, nous attendions avec calme; parce que nous comprenions les motifs de cette lenteur, et que, quelle que fût la décision ministérielle, nous savions bien qu'elle ne changerait rien à la vérité de nos explications qu'elle tendrait au contraire à confirmer.

En effet, la même Chambre était-elle réunie une seconde fois, sans avoir été dissoute? Alors, il était clair que le Ministère l'avait prorogée pour avertir les Députés accusateurs de bien examiner leur décision ; pour leur donner le temps de mieux connaître les intentions et les projets de ceux qu'ils avaient commencé par condamner ; pour abandonner à leur réflexion moins embarrassée de fatales préoccupations le soin de mieux apprécier la pensée, mère du système embrassé au 8 août ; pour en appeler enfin de *Philippe ivre à Philippe à jeun.*

Au contraire, la dissolution de la Chambre était-elle prononcée? Alors il était clair que les Ministres s'étaient abstenus de la faire prononcer immédiatement pour donner aux préventions, aux défiances et aux passions publiques le temps de se remettre de la fièvre nouvelle que leur avait communiquée l'adresse des Députés ; pour laisser les craintes électorales se fatiguer à poursuivre des fantômes, et disposer ainsi les Électeurs prévenus à mieux apprécier la réalité ; pour familiariser les mêmes hommes avec leur présence au pouvoir, et s'en faire considérer sans horreur ; enfin pour les préparer à mettre dans l'urne électorale un vote favorable aux vrais intérêts de la France et digne de leur sagesse et de leur équité.

Mais entre dissoudre la Chambre et ne pas la dissoudre, quel parti les Ministres devaient-ils prendre de préférence ? Question inutile, puisque la dissolution est maintenant décidée. Puisse-t-elle seulement tourner à bien !

Et pour cela, quelle conduite les Ministres doivent-ils tenir ? Autre question non moins inutile que la première. Car la réponse à faire est si manifestement donnée par les circonstances dans lesquelles nous nous trouvons et par tout ce qui précède que celui qui ne serait pas maintenant capable de la trouver par lui-même, le serait encore moins de la comprendre quand on la lui dirait.

D'ailleurs, quoique nous ayons sur ce sujet une opinion bien arrêtée, nous craindrions en l'exposant de sortir du rôle que nous avons voulu remplir dans cet écrit. Car c'est aux Électeurs que nous avons voulu parler, non aux Ministres. Attentifs à observer tous les mouvemens politiques et à en rechercher les causes, nous avons été effrayés de la manière fausse dont on a jugé la révolution du 8 août. Nous avons surtout été effrayés des consé-quences funestes que ce faux jugement pouvait avoir, s'il était celui de la majorité des Électeurs ; et la frayeur dans le cœur, le trouble dans l'esprit, nous leur avons dit ce que nous désirons et ce que nous croyons être la vérité.

Attachés par sentiment et par raison aux principes qui ont pré-sidé, selon nous, à la composition du Ministère, nous avons été affligés de les voir si peu compris par tout le monde. Amis et ennemis, motifs d'attaque et de défense, doctrines pour et doctrines contre, tout a été pour nous un sujet de douleur et de crainte : le silence des Ministres eux-mêmes nous a été pénible, dans la crainte qu'il ne fût encore mal interprété ; et ne redou-tant pas moins de voir les Électeurs se déclarer pour le Ministère sur les argumens de ses prétendus amis, que de les voir se dé-clarer contre lui sur les argumens de ses véritables ennemis, nous nous sommes crus obligés d'élever la voix et d'être auprès d'eux les interprètes des pensées qui doivent animer aujourd'hui les Ministres de Charles X.

Le présent était là, devant nos yeux, clair et intelligible
pour nous, énigme non déchiffrée et indéchiffrable pour la plupart des spectateurs. Nous en avons dit le mot, tel que nous
l'expliquons ; mais nous laissons à d'autres le soin d'en induire
l'avenir, ou d'en tirer les moyens propres à faire cet avenir, au
gré de leurs vœux et d'une manière favorable au bonheur
universel.

Que ceux-là seulement, quels qu'ils soient, membres du clergé,
de la noblesse ou du tiers-état, hommes religieux, hommes
monarchiques ou libéraux, sachent bien que ce bonheur ne peut
exister que dans l'alliance indissoluble de la religion, de la monarchie et de la liberté.

Prêtres de l'Évangile, si je haïssais le Christianisme, je me
réjouirais de vous voir ligués contre les idées et les sentimens de
liberté qui sont aujourd'hui ceux du monde entier et qui font la
vie même de la France. Mais parce que je l'aime, je me jette
à vos genoux, pour vous prier de vous élever à toute la hauteur
de ses doctrines, de mieux comprendre votre mission sur la terre
et de réfléchir plus sérieusement sur vos véritables intérêts.

Hommes de cour, ultra-royalistes de toute force, si je haïssais la monarchie, j'aimerais aussi à vous entendre prêcher des
doctrines absolutistes, expliquer sophistiquement la Charte, d'une
manière contraire à son esprit, parler d'ordonnance dictatoriale
et montrer sans cesse la volonté d'un seul comme pouvant respecter ou violer à son gré les droits légalement institués ou reconnus. Mais parce que je suis royaliste d'esprit et de cœur, je vous
conjure à mains jointes de ne pas entraîner la royauté dans une
lutte où elle n'a rien à gagner, si elle est victorieuse, et tout à
perdre, si elle est vaincue.

Hommes de la liberté, vous êtes vraiment les dieux de la
terre. Jamais cause ne fut plus belle que la vôtre ; mais qu'il
est à craindre que vous ne la gâtiez par des erreurs ou par des
fautes ! Depuis long-temps je vous écoute parler et je vous
regarde agir. Pourquoi vos actions sont-elles si rarement en
harmonie parfaite avec vos paroles ? et pourquoi vos paroles
elles-mêmes changent-elles si souvent ?

La vraie liberté est calme, impartiale, patiente, généreuse.

Elle est calme, parce qu'elle est fondée sur la raison ; impartiale, parce qu'elle n'a besoin que de la vérité ; patiente, parce que le temps travaille pour elle et que l'éternité lui est promise ; généreuse, parce qu'elle croit qu'on est toujours malheureux de ne la pas connaître. Sont-ce là les caractères qu'on lui supposerait, en la jugeant d'après vous ? Et quand vous l'avez ainsi défigurée, croyez-vous qu'elle soit propre à conquérir l'amour général et à réunir tous les hommes dans son culte ?

Et vous à qui le Souverain délègue son pouvoir pour l'exercer dans l'intérêt de la France, hommes-ministres, qui n'avez pas moins à vous défendre des conseils de vos amis que des attaques de vos ennemis, puisque nous avons dit que nous ne voulions vous donner aucun conseil, voyez du moins dans notre réticence un indice de la gravité des circonstances dans lesquelles vous vous trouvez ; et retenez bien encore une fois que, si la religion, la monarchie et la liberté ont été long-temps jugées ennemies, enfin le temps est venu de les réconcilier et de révéler aux nations les rapports nécessaires qui les enchaînent l'une à l'autre.

CONCLUSION.

I.

Après avoir lu ces pages, tout homme accoutumé à réfléchir remarquera sans doute la manière simple et facile dont s'explique, dans notre opinion, l'existence du Ministère et toute sa conduite. Peut-être aussi ne verra-t-il pas sans surprise que toutes les parties de cette opinion s'éclairent mutuellement et laissent apercevoir de l'une à l'autre cette espèce de conséquence et de liaison, ordinairement impossible à supposer dans une série de propositions fausses. Mais cependant lui paraîtra-t-elle autre chose qu'une ingénieuse hypothèse ?

Après avoir lu ces mêmes pages, tout ami sincère et éclairé du pays désirera sans doute encore qu'elles soient l'expression de la vérité. Mais le croira-t-il ?

Nous ne doutons pas que la fausseté et la maladresse des argumens employés pour défendre les Ministres ne soit reconnue par les royalistes de bon sens ; et nous sommes convaincus que les libéraux de bonne foi avoueront de même l'injustice de la plupart des attaques dirigées contre le Ministère. Mais les uns et les autres adopteront-ils la manière dont nous avons cru devoir le défendre, et approuveront-ils ce que nous avons dit en sa faveur ?

Royalistes et libéraux, les uns et les autres croiront-ils que le Ministère du 8 août a été en effet conçu dans une pensée sincère et profonde de réconciliation ; que cette réconciliation de tous les partis est possible, désirable, nécessaire, et qu'un Ministère d'hommes religieux et monarchiques est seul propre à l'opérer ? Les royalistes en particulier croiront-ils que la monarchie et la religion n'ont d'avenir en France qu'en s'alliant franchement, intimement à la liberté constitutionnelle ; qu'en lui accordant sécurité, protection, faveur et amour ; et que telle est la mission donnée aux Ministres actuels par la pensée royale et la nature des choses? Les libéraux aussi croiront-ils que la liberté ne peut devenir belle et puissante qu'en cessant d'être hostile à la monarchie et à la religion ; qu'elle ne peut recevoir que d'elle la sainteté, l'éternité ; et que la France ne peut être mieux confiée qu'à ceux contre lesquels elle nourrit depuis long-temps une défiance inquiète? Tous ensemble croiront-ils que les Ministres comprennent ainsi leur mission?

Il ne faut pas chercher à le dissimuler, adopter cette opinion serait, pour les hommes de tous les partis, abdiquer de vieilles croyances, devenues comme nécessaires par l'habitude, et secouer l'autorité d'hommes pour lesquels une longue prescription semble avoir créé le droit de commander à chaque fraction de la France tout ce qu'elle doit penser : ce serait déclarer convaincus d'imposture ou d'erreur tous les gens d'antichambres et de salons, de journaux et de brochures, qui sont aussi des puissances en France, et qui, depuis 9 mois, nous entretiennent de tout autre chose : ce serait enfin s'accuser soi-même de s'être long-temps bercé de folles espérances, ou laissé tourmenter par des craintes chimériques. Un tel résultat est-il possible?

Autrefois on vit des prodiges enfantés à la voix de certains hommes ; souvent des conversions éclatantes ont l eu ; des autorités et des personnes nouvelles remplacent les vieilles autorités et les personnes d'autre-fois ; les clameurs de la multitude n'étouffent pas toujours les paroles de l'homme raisonnable ; la raison elle-même n'est pas toujours vaincue par la passion ; et de temps en temps la vérité sort brillante du milieu des nuages qu'entassent autour d'elle d'innombrables préjugés. Nous serions trop heureux si notre écrit pouvait avoir quelque chose d'un tel sort. Mais est-il permis de l'espérer ?

Ce qui nous empêche surtout de concevoir cette espérance, c'est que nous-mêmes qui venons d'écrire ces pages nous nous sentons, en certains momens et jusqu'à un certain point, chancelans dans notre foi ; nous demandant , non sans inquiétude , si le Ministère a réellement été conçu dans la pensée que nous avons dite ; si réellement il comprend sa mission comme nous avons supposé qu'elle lui a été donnée ; si enfin il est capable de l'accomplir. Tant les ennemis du Ministère parlent mal contre lui ! tant ceux qui se disent ses amis parlent mal pour lui ! tant il ne fait rien lui-même pour se défendre de ses amis et de ses ennemis !

Quoi qu'il en soit, si ce livre n'était pas fait, nous le ferions encore, intimement convaincus de son utilité. Car nous sommes-nous trompés sur le Ministère ? (ce que pourtant nous ne pouvons ni ne voulons croire.) Même alors , nous sommes convaincus d'avoir fait une chose utile, en élevant une voix impartiale et non suspecte , l'avertissant de sa véritable position par rapport à la France, et des conditions essentielles de son existence. Au contraire , avons-nous dit la vérité sur ce même Ministère ? Alors nous sommes convaincus d'avoir fait une chose éminemment utile, en éclairant la France sur la véritable idée qu'elle doit s'en faire , et la préservant ainsi des dangers auxquels l'exposerait nécessairement l'erreur en une matière aussi grave. Enfin , dans tout état de cause , nous sommes convaincus de n'avoir pas fait une chose inutile, en jetant quelque lumière sur des questions controversées, en signalant aux partis quelques-unes de leurs erreurs et de leurs injustices réciproques , en les forçant d'en convenir , d'en avoir honte , et les disposant ainsi à une indulgence mutuelle , premier gage d'une franche réconciliation.

II.

Cette réconciliation (nous ne saurions trop le dire , ni trop le répéter), est le premier besoin de la France , et la condition essentielle de son bonheur.

Heureux donc le prince, sous le règne duquel elle pourra s'opérer ! Son nom parviendra aux générations les plus reculées au milieu d'un concert de reconnaissance et d'amour.

Heureux les conseillers du prince , qui le feront souvenir chaque jour de la nécessité de cette réconciliation ; et lui indiqueront tous les moyens propres à l'accélérer ! Ils partageront avec lui la reconnaissance des peuples.

Mais plus heureux encore les Ministres, qui, se pénétrant des intentions du prince et entrant dans toute la profondeur de sa pensée, n'useront du pouvoir qu'il leur confie que pour subjuguer toutes les haines, vaincre tous les ressentimens, triompher de toutes les répugnances et lui gagner tous les esprits et tous les cœurs en réunissant en lui, comme dans leur centre, toutes les idées, tous les intérêts et toutes les affections! Ils auraient des autels, si le genre humain en élevait encore à ses bienfaiteurs.

Heureux aussi les Députés qui, s'associeront à toutes les idées de tels Ministres, ou les inspireront à ceux qui ne les auraient pas ; les fortifieront après les avoir inspirées ; et les feront se développer en actes généreux, en lois fécondes et en institutions vraiment dignes d'un grand peuple! Leur conduite sera la meilleure réponse à opposer aux détracteurs du gouvernement représentatif, et une défense toujours vivante du progrès des lumières et de la civilisation.

Heureux enfin les Électeurs, qui sauront ne choisir que des Députés assez éclairés pour comprendre ainsi leur mandat; assez consciencieux pour ne pas consentir à le trahir, et assez forts pour l'accomplir dans toute son étendue! La France les présentera avec orgueil à ses amis et à ses ennemis.

III.

Électeurs de France, quand la volonté royale ou celle de la loi vous appelle à exercer vos droits, vous devenez une véritable puissance. Mais, comme toutes les puissances, vous avez aussi vos flatteurs et vos courtisans, vos corrupteurs et vos sophistes; vous avez des favoris qui vous gouvernent, des maîtresses qui vous tyrannisent ; et vous ne manquez ni de beaux esprits habiles à séduire, ni de faux sages qui s'efforcent de vous égarer dans des doctrines erronées. Nous ne voulons pas dire que jusqu'à présent vous n'ayez jamais su vous défendre entièrement de leur perfide adresse. Mais le temps est venu de faire enfin des choix libres, réellement indépendans, et de ne voter que dans l'intérêt de la France, non plus pour tel ou tel parti.

L'intérêt de la France n'est ni à gauche, ni à droite, ni au centre gauche, ni au centre droit, ni au centre proprement dit ; ou plutôt il est en partie dans chacune de ces fractions, et se compose de tous ces intérêts réunis. Car la France veut, avec le côté gauche, la liberté ; et avec le côté droit, la religion et la monarchie ; elle veut, avec le centre gauche, une liberté reconnaissant les droits de la monarchie et de la religion ; et avec le centre droit, une monarchie religieuse, amie des libertés publiques ; elle veut enfin, avec le centre proprement dit, se confier à ceux qui la gouvernent, et ne plus être forcée de regarder le pouvoir comme un constant ennemi. En un mot, la France veut la fusion de tous les partis ou la réconciliation de ses enfans.

Il est des vétérans de la liberté, qui depuis 40 ans soutiennent pour elle de pénibles combats, et se présentent à vous, comme toujours prêts à les continuer. Leur cause est la nôtre : car nous avons dans le cœur les mêmes sentimens, et dans l'esprit les mêmes idées. Nous approuvons leurs intentions, nous applaudissons à leur constance, nous estimons leur caractère ; mais le temps n'est-il pas venu pour eux de se reposer dans une glorieuse oisiveté ? On aime à voir, dans l'Iliade, les vieillards troyens, paisiblement assis sur les murailles de la ville, assister de loin aux combats de leurs fils, leur donner des conseils à leur départ, et les consoler ou les louer à leur retour. Mais Nestor fait peine quand il se jette au milieu de la mêlée, sans danger pour ses ennemis, objet constant d'inquiétude pour ses amis. Qu'il en soit ainsi de tous ceux qui nous ont précédés. Car s'ils plaisent à entendre deviser de leurs anciennes prouesses, c'est Hector et Achille que nous voulons voir agir.

D'ailleurs, depuis le jour où ils ont commencé de combattre, choses et personnes, tout a bien changé ; mais l'ardeur du combat les a trop souvent empêchés de voir ce changement. Le présent, il faut le dire, ne leur apparaît que teint des couleurs du passé ; ils ne le jugent que par comparaison et souvenir : leur tête n'est pas sans funestes préjugés, ni leur cœur sans préventions haineuses : obstacle insurmontable à cette réconciliation qui doit être l'objet de tous les vœux.

Autrefois Platon voulait qu'on bannît de la république tous les poètes, mais revêtus d'habits magnifiques, couronnés de fleurs, au milieu des chants des hommes et au son des instrumens. Électeurs , c'est avec de tels égards , mais avec la même sévérité que vous devez traiter à l'avenir les champions vieillis de nos glorieuses libertés. A eux les honneurs pour ce qu'ils ont fait ; mais à leurs fils les fatigues de ce qui reste à faire.

La religion et la monarchie comptent aussi de nobles vétérans , dont le nom seul inspire le respect , même à ceux qui ne partagent pas leurs opinions. Leur cause est aussi la nôtre et celle de la France. Car nous croyons que la religion et la monarchie lui sont aussi nécessaires que la liberté ; qu'il est aussi beau de se dévouer pour son Dieu et son Roi que pour le peuple ; et que mourir les défenseurs de la royauté , les confesseurs de la foi religieuse n'est pas un sort moins digne d'envie que de succomber en combattant pour les droits du genre humain.

Mais quelque grands qu'ils soient , ces héros de la fidélité n'en ont pas moins toutes les mêmes faiblesses que les autres hommes. Comme les vieux libéraux , les vieux royalistes ont des préjugés et des préventions qui les rendent généralement incapables de se réconcilier parfaitement avec certaines personnes et certaines choses. Électeurs , encore des fleurs et de l'encens ; mais refusez-leur votre vote.

Un grand homme disait que les Bourbons , à leur retour en France , auraient dû ne se servir que d'hommes de vingt à trente ans. Ceux qui avaient vingt-cinq ans , en 1815 , en ont maintenant quarante. Électeurs , aux élections prochaines , n'oubliez pas les paroles de Napoléon.

IV.

Et vous dont le nom doit sortir de l'urne électorale , Députés déjà présens , mais encore inconnus , rappelez-vous que , si le premier besoin de la France et son plus vif désir est une réconciliation générale , elle doit être aussi l'objet de tous vos vœux et le but de tous vos efforts. Mais une réconciliation quelconque ne pouvant avoir lieu qu'au moyen de concessions réciproques , n'allez pas vous entêter sottement à de petites choses , à de vaines questions de personnes , et vous montrer tourmentés du désir de faire avant tout dominer votre opinion, n'écoutant que les suggestions de l'amour-propre, tandis que vous devriez être tout entiers à l'amour du bien général.

De même que les familles ne peuvent jouir d'aucun bonheur, si les époux qui en sont les chefs ne se pardonnent mutuellement un grand nombre de choses, et ne sont animés d'un grand esprit d'indulgence, toujours empressés de condescendre réciproquement à leurs caprices et à leurs défauts. Ainsi les nations ne peuvent être heureuses si les grands corps, qui en sont les chefs, ne se montrent invariablement animés de cet esprit de condescendance, d'indulgence et de concessions réciproques. La couronne, dites-vous, a des préjugés ; la cour en a ; l'aristocratie en a ; nous le voulons : mais le peuple et ses élus en seraient-ils donc seuls exempts? Pour être aimé, dit le poète, soyez aimable, *ut ameris amabilis esto.* Pour qu'on respecte vos idées, respectez celles des autres, et n'oubliez pas que la tolérance n'est pas moins commandée aux corps de l'État qu'aux simples citoyens ; et que, sans elle, le bonheur social n'est pas plus possible que le bonheur des individus.

Les publicistes vantent chaque jour les avantages du gouvernement représentatif, le considérant comme éminemment propre à prévenir les déchiremens qui ne peuvent manquer de résulter du frottement immédiat des masses avec le pouvoir : et les publicistes ont raison. Que devient cependant leur éloge, si les hommes, choisis pour être les intermédiaires entre le Roi et le peuple, se montrent animés des mêmes passions que celui-ci, esclaves des mêmes préjugés, dupes des mêmes erreurs ; et s'ils représentent la même opinion, non calmée ni dépouillée de ses exagérations, comme on devait l'attendre, mais dans toute son effervescence native et avec sa brutalité originelle? Puissent les Députés de la France ne jamais oublier leur mission!

V.

Nous faisons les mêmes vœux pour les Ministres, et avec d'autant plus de force que nous sentons, en ce moment, renaître en nous tous les doutes et toutes les inquiétudes dont nous parlions au commencement de ce chapitre. Car qu'ont fait les Ministres, jusqu'à présent, et que font-ils chaque jour dans l'intérêt de la réconciliation générale ? par quelles mesures ont-ils démontré la rectitude de leurs intentions et celle de leur jugement ? quel gage de protection ou quelles arrhes ont-ils données à la liberté constitutionnelle ? quelles craintes ont-ils calmées ? à quels préjugés ont-ils imposé silence ? de quelles préventions ont-ils triomphé ? quels cœurs enfin ou quels esprits ont ils gagnés à la cause de la monarchie ? Nous le cherchons en vain.

Soyons justes, pourtant. Il est deux Ministres qui ont fait quelque chose. L'un est M. le Ministre de la guerre, dont l'impopularité s'est adroitement mise à couvert derrière une excellente ordonnance en faveur de l'armée. L'autre est M. de Guernon-Ranville, qui s'est montré favorable à l'instruction du peuple, en continuant de protéger les écoles primaires ; favorable à l'instruction de la classe moyenne, en introduisant quelques améliorations dans le régime intérieur des colléges ; favorable enfin aux membres du corps enseignant ; en accordant une pension à leurs veuves. Mais les autres Ministres qu'ont-ils fait ?

« Au moins, diront-ils peut-être, nous n'avons rien fait qu'on » puisse nous reprocher. » Soit. Mais l'inaction, qui jusqu'au 2 mars était bonne et excellente, est maintenant une faute, parce que les circonstances ne sont plus les mêmes.

Alors les Ministres avaient à prouver qu'ils n'étaient pas dévorés de l'ardeur de tout détruire, et qu'ils pouvaient s'accommoder du régime légal. Aujourd'hui, ils doivent prouver de plus qu'ils sont propres à construire, et que non-seulement ils peuvent supporter le règne de la liberté, mais encore qu'ils veulent le fortifier et le consolider à jamais. Aussi tout le temps qu'ils n'emploient pas à cette œuvre est-il un temps criminellement perdu, dont on doit leur demander un compte sévère.

Les Perses disaient autrefois que les Ministres étaient les yeux du Roi, ses pieds et ses mains. A voir les nôtres, ils auraient ajouté que ce sont des yeux qui ne voient point, des pieds qui ne marchent pas, et des mains incapables d'agir. Ministres du Roi, est-ce ainsi que vous croyez vous montrer dignes de la confiance qu'il a mise en vous ?

« Au moins, dites-vous encore, n'avons-nous rien fait qu'on puisse nous reprocher. » Et nous, nous vous répondrons que vous ne pouvez pas même vous rendre ce pauvre témoignage.

M. de Polignac est sans doute dans une position, où il n'est pas facile de se faire juger; tant sont impénétrables au vulgaire les affaires qui lui sont confiées! mais pourquoi donne-t-il lieu de dire qu'il abandonne complètement à lord Wellington le soin de diriger la politique extérieure de la France, et que cependant il se noie dans des détails à peine dignes d'un maître des cérémonies, et abaisse les hauteurs de son génie à déjouer des intrigues de cour par d'autres intrigues? Il ne suffisait pas à César que sa femme fût innocente; il fallait de plus qu'elle ne fût pas soupçonnée. Telle doit être maintenant la situation du président du conseil des Ministres.

M. de Courvoisier a eu plusieurs nominations à faire. Pourquoi n'ont-elles pas été telles que les plus malveillans ennemis du Ministère aient été forcés d'y voir une protestation contre tout avancement de faveur, et la promesse de ne jamais demander à nos magistrats autre chose que des arrêts? Au 12 avril encore, il a eu occasion de parler à la France en s'adressant au Roi. Pourquoi son discours a-t-il semblé le langage d'un ressentiment profond, et presque un cri de vengeance? On aurait dit que nouvellement affilié à une société de conjurés contre la Charte, l'ancien membre du centre gauche voulait se faire amnistier de la faute qu'il avait autrefois commise en la défendant.

M. de Chabrol sait aussi-bien que personne que l'énormité du budget est l'objet continuel des plaintes de la France, et qu'elle serait disposée à tout pardonner à qui lui en allégerait le fardeau. Sous l'empire de cette idée, il fait un rapport au Roi; et de ce rapport il résulte que la somme des impôts à payer en 1831 sera encore plus forte que celle des impôts payés en 1830. Nous le demandons, s'il eut voulu prouver qu'ils ont toute raison, ceux qui ne cessent de dire au peuple que la faction qui a porté les hommes du 8 août au Ministère est essentiellement ennemie d'économies et a soif de prodigalités, s'y serait-il pris autrement?

Quant à M. d'Haussez, il n'a peut-être eu rien à faire. Dans ce cas, il s'est parfaitement acquitté de son mandat.

VI.

Si le Roi le savait! tel était autrefois le cri de nos pères. Plus
heureux qu'eux, nous disons : le Roi le sait, ou du moins le
saura. Grâce aux libertés dont nous jouissons, il ne peut pas se
tromper long-temps sur le véritable état de la France, sur ses
besoins réels, ni sur ses désirs légitimes. De la satisfaction des
uns et des autres dépend la tranquillité d'un peuple et son bonheur :
et quand même ce bonheur des sujets ne serait pas nécessaire
à celui des Rois, nous pourrions nous en rapporter à la générosité
de Charles X, pour être sûrs qu'il ne nous le refusera pas. Ce
qu'il saura et voudra sera nécessairement su et voulu de ceux
auxquels il confiera le pouvoir ; et si, contre tout espoir et
toute vraisemblance, ces qualités n'étaient pas celles des Ministres
actuels, il les rendrait bientôt à la vie privée d'où il les a
tirés. Dans tous les cas, Français de tout état et de toute condition,

FAISONS NOTRE DEVOIR ET LAISSONS FAIRE AUX DIEUX.

FIN.

NOTE.

PAGE 25.

(A) L'AUTEUR du *Programme d'un cours complet de philosophie* revient à plusieurs reprises sur cette doctrine, qui paraît lui être chère, que *les croyances religieuses sont nécessaires à la liberté.* Nous coyons ne pouvoir mieux faire que de répéter ses paroles.

, « S'il est vrai , dit-il, que l'Esprit ne fasse qu'un avec le Corps, naissant, croissant et mourant en même temps, sans être réservé à aucune existence ultérieure, et ne devant ni craindre ni espérer, au-delà du présent, aucune sanction des lois morales, on en conclut bientôt, 1° qu'il n'y a pas pour l'individu d'autre loi morale que celle de sa conservation, ni d'autre devoir que celui de chercher son bien-être et de s'aimer soi-même de tout son cœur, de toute son âme et de toutes ses forces ; 2° qu'il n'y a pas non plus, pour les peuples, d'autre loi que celle de se conserver et de se faire heureux ou jouissant du présent; 3° enfin, que ces peuples, immenses troupeaux d'hommes, ne diffèrent des troupeaux de brutes que de la manière dont un homme diffère lui-même d'un autre animal, d'une plante ou d'un minéral, c'est-à-dire, par une organisation plus ou moins habile, dans laquelle il consiste tout entier. Et ces premières conséquences, une fois admises, engendrent ensuite d'une manière nécessaire, 1° le mépris et le dégoût pour tout ce qui porte l'homme au-delà de la réalité matérielle, et je ne sais quelle espèce d'acharnement à le dépouiller de tous les trésors de poésie, dont l'auteur de son être semble avoir pris plaisir à l'enrichir, comme pour le dédommager des malheurs inséparables de la vie présente ; 2° l'égoïsme individuel, éternel ennemi des affections bienveillantes et de toutes ces vertus du cœur, si propres à nous rendre heureux ; 3° l'égoïsme social, aussi contraire au véritable bonheur des peuples que le précédent l'est à celui des individus ; 4° enfin, l'ignorance de ce qui constitue la dignité réelle de l'homme, l'oubli de ses devoirs, le mépris de ses droits, la tyrannie des forts, la servilité des faibles, et tous leur hideux cortège de malheurs et de vices.

» Mais ce n'est pas le raisonnement seul qui fait connaître la nécessité de ces conséquences ; l'histoire elle-même se charge de la démontrer, en nous présentant partout les caractères les plus beaux et les plus sublimes génies, les siècles les plus grands et les peuples les plus libres, comme les constans amis des doctrines de l'immatérialité de l'esprit et de son immortalité ; tandis que le matérialisme n'est généralement adopté que des cœurs bas , des esprits étroits et des peuples esclaves.

» Ainsi , pour en citer un exemple frappant, quand la politique romaine, dont l'unique but semble avoir été d'asservir et de dominer pour asservir et dominer encore, et enchaîner tout l'univers , eût réussi ; et que , depuis les contrées étincelantes de tout le luxe asiatique jusqu'aux pauvres rochers illustrés par Galgacus , Rome régnait partout et envoyait partout ses proconsuls avides et sanguinaires , quel spectacle offrait la face du monde et le tableau de l'espèce humaine ? Alors , si l'histoire ne nous trompe pas , l'espèce humaine avait abdiqué ses droits ; le monde s'était résigné. Partout les lois étaient violées , les juges corrompus , les plus horribles désordres passés en coutume , les nobles sentimens éteints dans tous les cœurs , l'idée de morale évanouie , et la pitié même méconnue par intérêt et par principes bassesse illimitée ; et malheurs inouïs chez les sujets , ambition insatiable et dureté féroce chez les maîtres ; voilà ce que partout on rencontrait. Mais partout aussi les oppresseurs n'avaient-ils pas foi dans un voluptueux matérialisme , tandis qu'un matérialisme grossier obtenait des succès semblables auprès des opprimés? Et dans ces mêmes siècles de dégradation et d'avilissement , où la vertu ne paraissait plus qu'une exception et un privilége , ce privilége ne fut-il pas encore celui des cœurs nourris de doctrines immatérielles ? Ainsi Caton , Brutus , Cassius , ces derniers des Romains , ne croyaient pas disparaître tout entiers dans la dissolution de leurs organes : à eux aussi fut la gloire d'être les martyrs de la liberté mourante : et si plus tard , l'univers et Rome purent se consoler quelques instans de la perte de cette liberté , ne fut-ce pas surtout quand ses empereurs firent asseoir avec eux sur le trône une philosophie toute spiritualiste.

» Aujourd'hui même quel spectacle nous offre la France ? Sans doute nous ne sommes pas de ceux qui veulent empêcher la génération nouvelle de s'enivrer d'espérances, et de ne voir que des gages de fertilité dans ce que d'autres lui représentent comme des nuages sinistres , gros d'orages et de tempêtes. S'il en était autrement , elle n'aurait peut-être pas le courage de consentir à vivre. D'ailleurs , puisque les troubles de la ligue et de la fronde ne furent autrefois que le travail pénible de notre patrie , au moment d'enfanter les règnes miraculeux de Henri-le-Grand et de Louis XIV , nous ne voyons pas pourquoi l'on défendrait de se représenter aussi les malheurs et les troubles de notre âge , comme un autre travail de la même France , au moment d'enfanter un règne encore plus miraculeux. Mais , même en attendant ce beau jour , nous ne pouvons cependant pas dissimuler que nous sommes enveloppés d'un crépuscule assez épais , et que , dans le champ du père de famille , bien

de l'ivraie se trouve encore mêlée au bon grain. Ainsi l'on dirait que dé-
goûtée du beau dont elle s'est comme enivrée sous Louis XIV, dépouillée
de la foi au vrai que lui fit entrevoir le 18ᵉ siècle à son aurore, et ne se flat-
tant plus de rencontrer la justice sociale que lui promit en vain le même
siècle à son déclin, la France s'est jetée par désespoir de cause dans la
foi à l'utile et s'y est attachée comme à l'ancre de salut. Tant nous
sommes déshérités de toute croyance religieuse, intellectuelle et morale !
tant l'industrialisme coule de toutes parts à pleins bords ; et nouveau
Protée se montre partout sous mille formes différentes, non moins varié
dans son unité réelle que constamment un dans son apparente variété !
tant l'intérêt, dont cet industrialisme n'est que la régularisation systé-
matique, règne dans le fond des cœurs, alors même que des mots so-
nores et harmonieux se trouvent constamment sur les lèvres, et que de
tous côtés on invoque la justice, la liberté.... la liberté surtout, qu'à
entendre les brûlantes philippiques de nos généreux citoyens, on prendrait volontiers pour l'enfant chéri du siècle, mais que chaque jour voit
sacrifier à l'intérêt, comme une autre Iphigénie, de la main même de son
père ! tant enfin ce même intérêt, essentiellement petit et variable de sa
nature, communique à tout son caractère de petitesse et de variabilité !
D'où ce décousu de toutes nos sociétés dans lesquelles on se rapproche
souvent, sans presque jamais s'unir ; et ce grand nombre de caractères
faibles, honte et désespoir de notre époque, ennemis chancelans et douteux, amis plus chancelans et plus douteux encore, incapables même
d'avoir la fixité de l'indifférence ou la force de l'inertie. D'où encore,
dans une sphère plus haute, cette impuissance démontrée à fonder un
système social, parce qu'il demande avant tout la force et la grandeur du
caractère : et ces appels si fréquens à une légalité, que semble invoquer la
conscience contrainte de s'avouer à elle-même qu'elle manque de force
pour atteindre à l'invariable légitimité. D'où aussi, dans les arts et les mo-
numens qu'ils élèvent, ces tâtonnemens perpétuels et cette absence générale
de grandeur et de majesté ; dans la littérature, ces essais informes et ces
productions sans couleur, qui semblent avoir fait un éternel divorce
avec le sublime et le beau ; et dans les sciences, malgré tout l'éclat dont
elles brillent, ces préjugés terre-à-terre, ces aperçus exclusifs et ces
inclinations ou motifs peu honorables, qui semblent condamner l'homme à ne proclamer vrai que ce qui favorise ses penchans, flatte son
orgueil et sanctionne ses prétentions. D'où enfin, jusqu'à ces entreprises
téméraires qui insultent la religion même, et méconnaissant son caractère
sacré, veulent la rabaisser au rôle méprisable d'un pouvoir physique et
temporel, ou à celui d'un agent mécanique, destiné à servir nos intérêts terrestres et à protéger nos jouissances d'un moment.

« Sans doute cette esquisse du revers de notre siècle n'est pas flattée. Car un siècle est une puissance, surtout une puissance heureuse ; et nous ne nous sentons pas le triste courage de flatter autre chose que la faiblesse et le malheur. Mais comment ne pas voir dans cet esprit du jour comme la trace ineffaçable de notre corruption originelle ; ou, si l'on aime mieux, la conséquence nécessaire des doctrines matérialistes adoptées par le dernier siècle, et que nous n'avons pas encore entièrement répudiées ? Car on ne peut l'oublier, ce fut dans ce siècle qu'on vit des hommes se lever et dire que les idées, dont l'intelligence humaine est si fière, naissent toutes du jeu des organes, comme une branche naît du tronc ; et bientôt être suivis d'autres hommes, qui ajoutèrent que, comme il n'y a rien dans l'esprit qui ne soit un résultat immédiat de l'organisation physique, ainsi dans le cœur, il n'y a rien qu'on ne doive expliquer par un motif physique ou intéressé. Et dès lors le plus grossier sensualisme fut à la mode ; le matérialisme eut ses prédicateurs fanatiques ; et du palais des grands, où fut son berceau, descendant à travers toutes les classes, jusque dans la cabane du pauvre, il étendit partout sa maligne influence ; empoisonna les arts, la littérature, les sciences, la religion ; dénatura la politique et corrompit jusqu'à l'esprit de vraie liberté qu'il avait d'abord paru vouloir servir, mais dont il compromit le triomphe.

» Ainsi, nous ne saurions trop le dire, ni trop le répéter, s'il est quelque chose qui doive surtout effrayer aujourd'hui les amis sincères de cette vraie liberté, c'est de voir leurs doctrines chéries proclamées et défendues par les mêmes hommes qui se font les apôtres ou les fidèles du matérialisme. Avec de tels appuis, ils ne peuvent que désespérer de leur cause, et ces auxiliaires ne sont propres tout au plus qu'à les embarrasser, comme de faux amis, prêts à s'éloigner dans les mauvais jours ; comme de faux braves, disposés à passer à l'ennemi la veille du combat ; comme de faux dévots, incapables de reconnaître un Dieu mourant sur la croix ; et comme une foule d'esclaves, exclusivement faits pour servir le puissant et escorter le char du triomphateur. Encore une fois, entourée de tels fidèles, la liberté court les plus grands dangers. Ces gens-là sont nés pour la trahir. »

Et ailleurs, après avoir dit que *le meilleur moyen pour l'homme de vivre heureux dans ce monde, c'est de croire et d'espérer dans l'autre*, il ajoute :

« Il y a plus, c'est que cette grande vérité doit être annoncée avec une égale confiance aux peuples eux-mêmes, qui, constamment assujétis aux mêmes conditions d'existence, et soumis aux mêmes lois que les individus, représentent invariablement leurs mêmes traits, comme un tableau colossal ou de grandeur naturelle ne fait que répéter les traits de la miniature. De sorte que le plus affreux destin menace aussi les nations qui laissent s'éteindre, ou ne peuvent ranimer dans leur sein la grande foi religieuse ; que dès ce moment leur nom doit être considéré comme effacé du livre de vie ; et que bientôt, au lieu de l'envie que peut encore exciter leur prospérité apparente, elles n'inspireront plus que la compassion ou le mépris, immortels débris donnés en leçon à la postérité.

» Qu'on jette donc les yeux autour de soi. Grâce à l'influence toujours active du christianisme, qui s'est comme incorporé et en quelque sorte incarné à leur substance, les nations européennes sont généralement pénétrées d'un grand et saint respect pour la dignité de l'homme. Non-seulement elles ont cessé d'être l'une pour l'autre un objet de mépris ou de haine, et toutes ensemble elles regardent l'esclavage comme le plus infâme des attentats ; mais elles ne croient plus à la différence des races, les distinctions d'origine leur semblent une chimère ; les préjugés de famille ou de caste n'osent plus se montrer au grand jour ; et enfans d'un même père, créatures d'un même Dieu, tous les hommes sont reconnus égaux devant la loi humaine, comme ils le sont devant la loi divine, dont tous les codes ne doivent être que des commentaires ou des conséquences. Objet d'une foi vive et profonde, depuis les colonnes d'Hercule jusque dans les glaces de la Laponie, ce principe agite partout et dans tous sens la race européenne, qui éprouve un impérieux besoin de le faire passer de la théorie dans la pratique, des livres dans les institutions, du cabinet des sages dans le forum ; qui ne peut se persuader que le temps ne soit pas venu où il doit descendre de la sublime région des idées pour produire dans le monde ses conséquences nécessaires, en faisant que la liberté ne soit plus seulement un nom sonore ou une parole mélodieuse, propre à distraire de grandes douleurs ; et qui croit irrésistiblement que cette liberté qu'elle aime est la condition indispensable du bonheur des peuples.

» Cette croyance est aussi la nôtre ; mais que tous ceux qui la partagent ne dédaignent point d'interroger l'histoire, et de demander aux siècles passés quelles furent les nations libres ; quelles autres furent esclaves. Et alors, ou nous sommes dans une étrange erreur, ils verront la même leçon invariablement donnée par l'expérience universelle ; et du milieu de toutes les ruines, ils entendront s'élever une grande voix, proclamant avec force que les croyances religieuses sont essentiellement amies de la liberté, et que le despotisme est la conséquence nécessaire de l'irréligion.

» Ainsi, pour n'en citer qu'un seul exemple, Rome perdit sa liberté, peu de temps après qu'il eut été permis de dire, au milieu du sénat, que l'homme meurt tout entier avec son corps. Et chose remarquable! celui qui le premier prononça ces paroles, fut aussi le premier tyran de sa patrie. Plus tard, la tyrannie des Césars s'accroissant encore avec les progrès de l'irréligion, les siècles du plus grossier matérialisme devinrent aussi les siècles du plus épouvantable despotisme : et dans ces temps d'affreuse mémoire, si par hasard on rencontre de loin en loin quelques belles âmes, protestant par leur énergie contre la dégénération de l'espèce humaine, on reconnaît avec plaisir que ce sont encore des âmes religieuses, profondément imbues de la croyance aux vérités éternelles, et pleines d'espérance en une justice céleste et un meilleur avenir. Tels, dans des temps antérieurs, Socrate fournissant les matériaux sublimes du Phédon, trouvait le courage de braver les tyrans de la pensée, qui osaient entreprendre de l'assujétir à un joug prétendu religieux ; et Caton, méditant sur les grandes pensées de cet ouvrage, s'excitait au généreux dessein de ne jamais reconnaître le pouvoir du tyran de sa patrie et du destructeur de ses libertés.

» L'histoire, nous le répétons, fourmille de pareils faits ; de sorte que c'est avec une véritable satisfaction que nous la recommandons à nos jeunes lecteurs, à une époque où le goût des recherches historiques est porté au plus haut degré. Mais qu'en réfléchissant sur ces faits, ils réfléchissent principalement sur les principes dont ces faits sont la conséquence ; et ils ne tarderont pas à être convaincus que faire des vœux pour qu'ils embrassent et n'abandonnent jamais ces belles et sublimes doctrines, c'est en faire pour leur bonheur et pour leur liberté, qui est aussi une partie essentielle du bonheur (1). »

(1) Programme d'un cours complet de philosophie, par M. Gatien-Arnoult, pages 250, 319.

TABLE
DES MATIÈRES.

FIN DE LA TABLE DES MATIÈRES.

NANCY, IMPRIMERIE D'HÆNER.

ERRATA.

Page 61, ligne 22. Quoique l'on passe pour les amplifier, lisez, *quoi que l'on fasse.*

Même page, ligne 31. Que ce soit MM. La Fayette, l'Abbey de Pompierre, lisez, *Lafayette, Labbey de Pompierre.*

Page 62, ligne 10. Du Roi et de la France, lisez, *du Roi de la France.*

Page 63, ligne 11. Des frères et amis, des clubs, des émissaires, des comités, lisez, *des frères et amis des clubs, des émissaires des comités.*

Page 64, ligne 12. Récusés par ses interprètes ou ses organes, lisez, *pour ses interprètes.*

Même page, ligne 15. En apparence incalculables, lisez, *innombrables.*

Page 73, ligne 17. Cependant voyez ce que votre haute sagesse prononce, lisez, *voyez et que votre haute sagesse prononce.*

Page 75, ligne 13. Qui les a poussés aussi au pouvoir. Mais la congrégation passait, lisez, *qui les a poussés au pouvoir. Mais la congrégation passait aussi.*

Même page, ligne 26. Département à part pour la direction des affaires ecclésiastiques, lisez, *pour les affaires ecclésiastiques.*

1235

www.ingramcontent.com/pod-product-compliance
Lightning Source LLC
Chambersburg PA
CBHW052045270326

41931CB00012B/2636